Resteliebe Jeans

Alles verwenden. Nichts verschwenden.

Annette Leva-Dehm

Resteliebe

JEANS

Alles verwenden.
Nichts verschwenden.

DIE BESTEN IDEEN AUS JEANS

CV

Inhalt

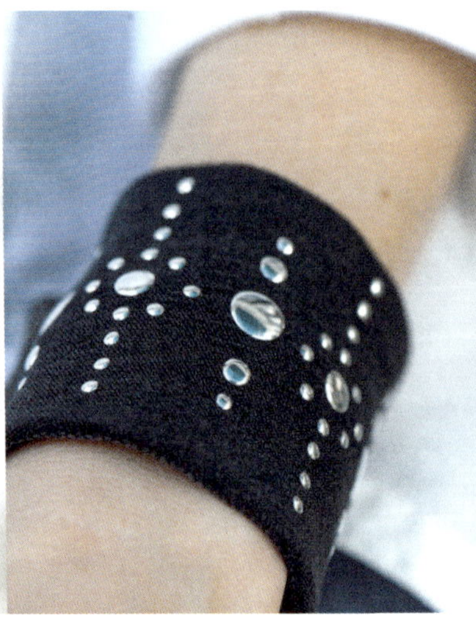

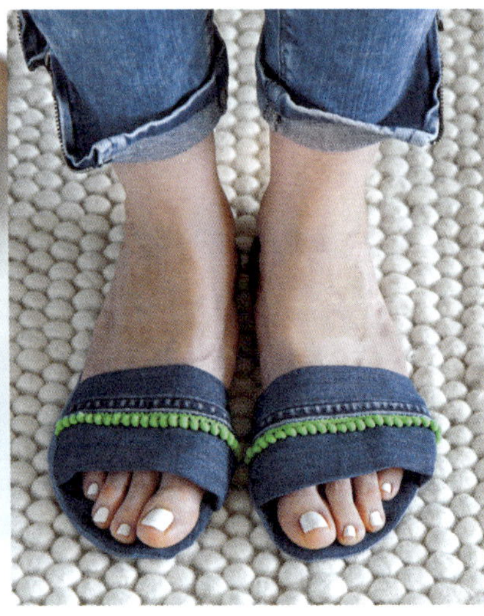

Vorwort

Die Lieblingsjeans begleitet uns über viele Monate, Jahre, vielleicht sogar ein halbes Leben lang. Sie bedeutet mehr als Design, Tragekomfort oder Coolness – man verbindet mit ihr Erinnerungen!

Und wenn man sich dann vom Lieblingsstückchen trennen muss, ist großer Herzschmerz angesagt. „Weißt Du noch, als wir in dem Urlaub waren, hatte ich diese Jeans an!" oder „Auf der Party hatte ich das coolste Outfit mit dieser Jeans!"
Meine Leidenschaft, Dinge zu recyceln, entwickelte ich schon sehr früh. Als Teenie verarbeitete ich alte Vorhänge meiner Eltern zu witzigen Sommerhosen. Und sämtliche alte Jeans meiner immerhin sechsköpfigen Familie fanden ihr neues Glück in einem selbstgenähten Jeans-Blouson! Mein ganzer Stolz!

Während meines Studiums zur Textilingenieurin konnte ich erfahren, wieviel Know-how, Arbeitsschritte und Mühe in einem einzigen Kleidungsstück stecken. Es lohnt sich also, alles noch einmal genauer anzuschauen, bevor es achtlos in den Altkleider-Container oder gar in den Müll wandert. Von kaputten Kleidungsstücken können wir vielleicht doch zumindest noch das ein oder andere Detail, wie z.B. Knöpfe oder Verschlüsse heraustrennen und wiederverwerten.

Dieses Buch soll Anregung geben, die alte Jeans noch einmal zu retten oder etwas Neues daraus zu kreieren.

Mein aufrichtiger Dank gilt allen, die mich so fleißig mit Jeans in allen Größen und Farben versorgt haben, genauso wie dem Verlag, der mich bei der Umsetzung meines Projektes unterstützt hat.

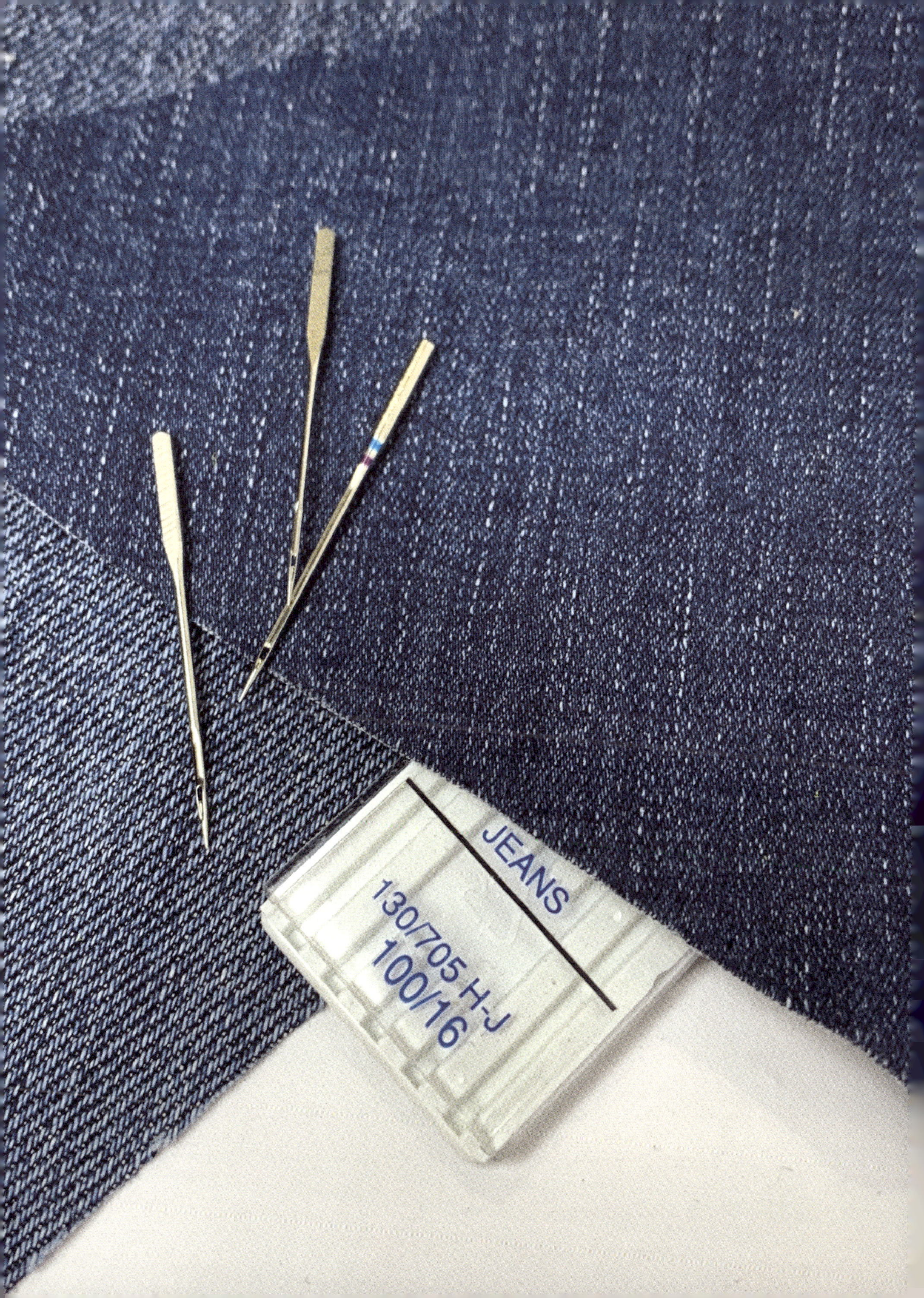
JEANS
130/705 H-J
100/16

Gut zu wissen!

Erfunden wurde die Jeans von Levi Strauss und seinem Geschäftspartner Jacob Davis ursprünglich als Arbeitshose.

Der Stoff besteht aus dem typischen blauen Kettfaden und dem weißen Schussfaden, die mit der robusten Köperbindung verwebt werden. Daher ist das Stoffbild vorne blau und hinten weiß. Dieses Material nennt man Denim, was sich aus der ursprünglichen Herkunft des Gewebes herleitet: „de Nimes → aus Nimes".

Für das Blau wurde anfänglich der Farbstoff der Indigopflanze verwendet. Heute wird es chemisch nachgestellt.

Eine klassische Jeans besteht auch heute noch aus Baumwolle. Mittlerweile werden aber häufig zusätzlich Stretchmaterialien beigemischt, um den Tragekomfort zu verbessern. Im Unterschied zu früher wird der Stoff oder auch die fertige Hose mit Sandstrahl oder Enzymen bearbeitet, was den typischen „used look" erzeugt. Die Jeans gibt es heute nicht nur in verschiedenen Styles, sondern auch in verschiedenen Farben zu kaufen.

Hilfsmittel und Werkzeuge

Das allerwichtigste Werkzeug für diese Projekte ist natürlich die Nähmaschine. Alle Produkte in diesem Buch sind mit einer normalen Haushaltsmaschine genäht. Damit man durch die robusten Stoffe gut durchnähen kann, sollte die Maschine mit Jeansnadeln bestückt werden.

Gerade Stücke lassen sich akkurat und kräfteschonend mit einem Rollenschneider anfertigen. Als Unterlage benötigt man dann unbedingt eine Schneidematte und ein Metall-Lineal. Unverzichtbar sind natürlich auch eine Schere und Schneiderkreide für Markierungen.

Die meisten Beschreibungen der Modelle sind mit Circa- Angaben versehen, da natürlich jede Jeans etwas anders ausfällt. Aber das macht die Produkte eben auch einzigartig und besonders.

Man darf also der Fantasie freien Lauf lassen! So kann zum Beispiel der Hase von S. 72 auch eine Bauchtasche aus einem alten T-Shirt bekommen, wenn gerade keine rosa Hosentasche übrig ist. Hauptsache wir recyceln, wo immer es uns möglich ist!

Viel Spaß beim Kreativ-Sein!

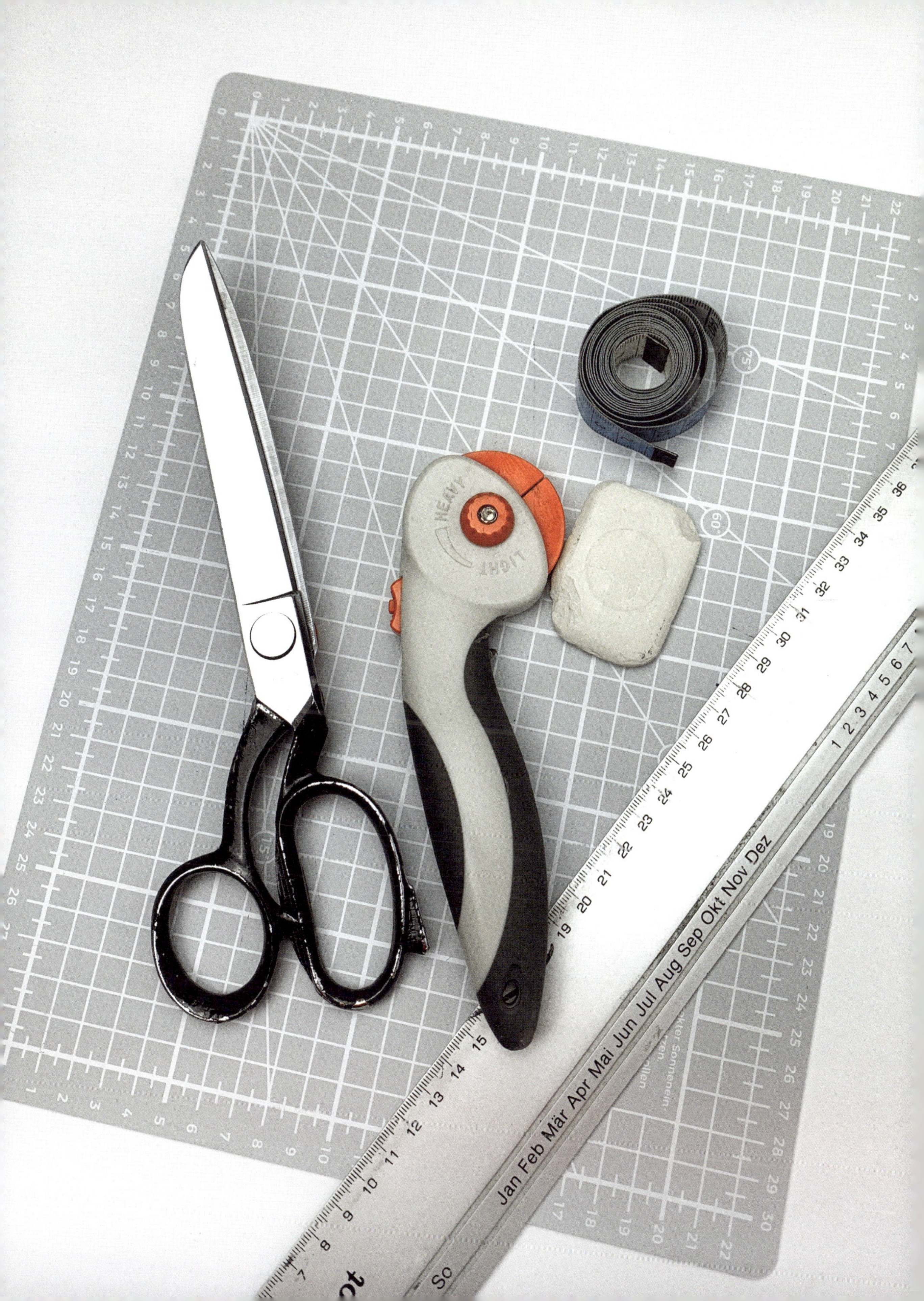
HEAVY
LIGHT
Jan Feb Mär Apr Mai Jun Jul Aug Sep Okt Nov Dez

Praktisches

Ordnung ist das halbe Leben

MATERIAL:
1 BLUE JEANS, ETWAS SAMTBAND,
1 STÜCK KLARSICHTHÜLLE

UND AM BESTEN TRÄGT MAN GLEICH ALLES BEI SICH: STIFT, LINEAL, KLEINER BLOCK, VIELLEICHT AUCH EINE SCHERE UND EIN PAAR VISITENKARTEN. ALLES VEREINT IN DIESEM TOLLEN JEANS-ORDNER! AN DIE ARBEIT, FERTIG, LOS!

1

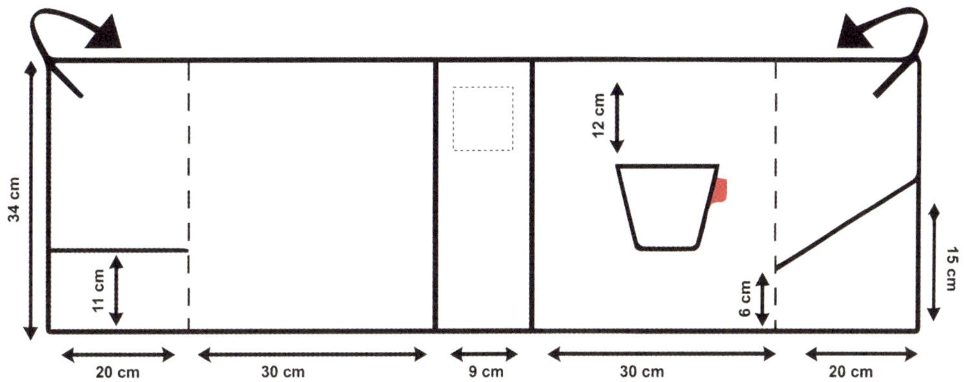

2

3

1. Den Stoff für die Vorder- und Rückseite (30 cm x 34 cm), den Ordnerrücken (9 cm x 34 cm) sowie die beiden Innenseiten (20 cm x 34 cm) mit Taschenaufsätzen (Maße siehe Skizze) zuschneiden und alle Teile aneinander nähen. Alle Angaben sind inklusive Nahtzugaben.

2. Jeanstasche aus der Jeans ausschneiden und ca. 12 cm unterhalb der oberen Kante auf das Vorderteil nähen.
Dabei die Samtborde (ca. 5 cm) als Loop unter das rechte obere Drittel der Tasche mit annähen.

3. Die Klarsichtfolie (6,5 cm x 6 cm) zuschneiden und im oberen Drittel des Ordnerrückens festnähen. Folie vorab mit einem Klebestreifen fixieren.

Fortsetzung: nächste Seite

4

5

4. Nun die Teile der Innentaschen versäubern und auf die Innenteile der Vorder- und Rückseite aufnähen. (Vordere Einstecktasche Innenseite: 20 cm x 11 cm/hintere Einstecktasche: 6 H x 20 B x 15 H x 20 B cm)

5. Vorder- und Rückenteil mit den Innenseiten an der oberen und unteren Kante zusammennähen, sodass die späteren Außenseiten innen liegen. Umstülpen – fertig ist die Ordnerhülle!

Quick and Easy

MATERIAL:
1 STÜCK BLUE JEANS, EIN STREIFEN LEDER

EIN BESONDERER FÜLLER HAT EINE GANZE BESONDERE HÜLLE VERDIENT: IN DIESEM JEANSETUI KOMMT SO SCHNELL KEIN KRATZER AN IHN DRAN. UND DENNOCH NIMMT DAS HÜBSCHE EINSTECKMÄPPCHEN KAUM PLATZ IN DER TASCHE WEG. FLEXIBEL UND SCHLANK FÜGT ES SICH SOGAR IN JACKEN GESCHMEIDIG EIN.

1

2

1. Das Stück Jeans (ca. 6 cm x 40 cm) und das Leder mit dem Rollenschneider auf die gewünschte Größe zuschneiden. Dabei darauf achten, dass eine der schmalen Seiten einen Saum hat.

Zweite schmale Kante umnähen, andere Kanten versäubern. Für den Beutel den Stoff 17 cm umschlagen. Die Lasche wird ca. 6 cm lang. Alles auf der rechten Seite zusammennähen.

Das Leder (ca. 7 cm) direkt 1 cm unterhalb der Öffnung mit einnähen.

2. Das Täschchen von innen nach außen verstürzen. Dann die äußeren Kanten der Lasche nach innen umklappen und feststeppen.

Total von der Rolle!

MATERIAL:
1 HOSENBEIN (GERADER SCHNITT), 1 STÜCK HOSENBUND, 1 STÜCK BUNTER KLETTVERSCHLUSS, BOMMEL-BORDÜRE, STICKGARN ODER FEINE WOLLE

... GANZ VON DER ROLLE! DIESES MÄPPCHEN ZEIGT DEN GANZEN INHALT AUF EINEN BLICK. DABEI IST ALLES WIEDER SCHNELL VERSTAUT UND VERSCHLOSSEN DURCH DEN PRAKTISCHEN KLETTVERSCHLUSS AN DER SEITE.

1

2

3

4

1. Das Stück Hosenbund (ca. 3,5 cm x 10 cm) mit dem gewunschten Namen beschriften und die Buchstaben mit dem farbigen Garn nachsticken.

2. Ein Hosenbein (Länge ca. 31 cm/Breite ca. 42 cm inkl. Jeanshosensaum) aufschneiden, auf gewünschte Größe (31 cm x 42 cm) zuschneiden und versäubern. Das bestickte Stück auf die Innenseite oben links nähen. Klettverschluss (ca. 10 cm bis 12 cm) mit der weichen Seite (Flauschband) nach außen an der unteren Kante festnähen. Siehe auch Skizze Seite 22.

3. Bommel-Borde (ca. 18 cm) oben rechts außen festnähen. Die feste Klettverschlussseite (Haft band) wird außen auf gleicher Höhe wie das Flauschband unterhalb des Hosensaums und ca. 7 cm von der linken Außenkante entfernt angenäht.

4. Die untere Hälfte ca. 10,5 cm nach innen umschlagen. Seiten zusammennähen. Danach im Abstand von ca. 3 cm Steppnähte einziehen. Hier sollen später Stifte, Pinsel und Scheren Platz haben. Möchte man auch ein Lineal unterbringen, einfach ein Fach breiter absteppen.

Fortsetzung: nächste Seite

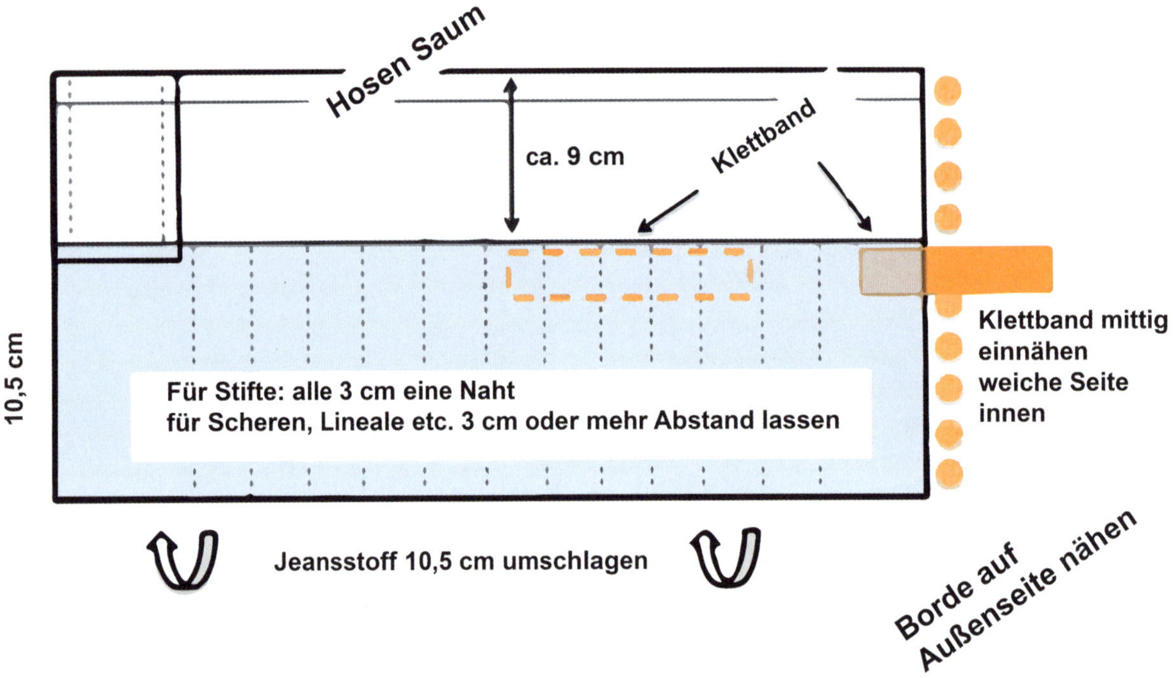
Hosen Saum
ca. 9 cm
Klettband
Klettband mittig einnähen weiche Seite innen
10,5 cm
Für Stifte: alle 3 cm eine Naht
für Scheren, Lineale etc. 3 cm oder mehr Abstand lassen
Jeansstoff 10,5 cm umschlagen
Borde auf Außenseite nähen

ROSA

Reisefieber

Quick and Chic!

MATERIAL:
1 STÜCK HOSENBEIN (BLAU), METALL-REISS-VERSCHLUSS (SCHWARZ/MESSINGFARBEN), 1 GLITZERSTERN ZUM AUFBÜGELN, EINIGE FARBLICH PASSENDE PERLEN, GEWACHSTES LEDERGARN

DIESES HÜBSCHE TÄSCHCHEN IST SCHNELL GEZAUBERT. DER SCHATZ LIEGT HIER IM INNEREN VERBORGEN. ANSTELLE EINES INNENFUTTERS BLITZEN HIER BUNTE KANTEN BEIM ÖFFNEN DES REISSVERSCHLUSSES HERVOR.

1

2

3

4

1. Den Stoff so aus der Hose (ca. 28 cm x 21 cm) im Bruch ausschneiden, dass die Seitennaht der Jeans den Stoffbruch, also die untere Kante (28 cm) des Täschchens bildet. Den Stern (Ø ca. 9 cm) aufbügeln.

2. Reißverschluss (ca. 24 cm) mit Seitenriegeln aufnähen.

3. Jetzt die Seitennähte schließen und mit einer Kontrastfarbe versäubern. 2- bis 3-mal mit einem Zick-zack-Stich über die Kanten nähen, Täschchen verstürzen.

4. Die beiden Garnfäden (ca. 2 x 25 cm) in unterschiedlicher Länge durch den Reißverschluss ziehen. Jetzt nach Belieben die Perlen auffädeln und mit Knoten fixieren.

Recycling-Tipp: Alte geplatzte Ketten und Armbändchen sammeln, damit lassen sich wieder neue Schmuckstückchen herstellen!

Guter Begleiter

MATERIAL:
METALL-REISSVERSCHLUSS (SCHWARZ/GOLD), 2 HOSENBEINE (GRAU), 1 STREIFEN MITTELBLAUE JEANS, 1 STREIFEN SCHWARZE/ANTHRAZITFARBENE JEANS, EINFARBIGER BAUMWOLLSTOFF, SCHWARZE JEANS, 2 RUNDE KARABINER (GOLD), LEDER- UND STOFFKLEBER

OB FÜR EINEN GLAMOURÖSEN ABEND ODER EINE KLEINE SHOPPINGTOUR, DIESE CLUTCH IST IMMER DER RICHTIGE BEGLEITER. MIT EINFACHEN HANDGRIFFEN VERWANDELT SICH DIE KLEINE UNTERARMTASCHE IN EINE UMHÄNGETASCHE.

1

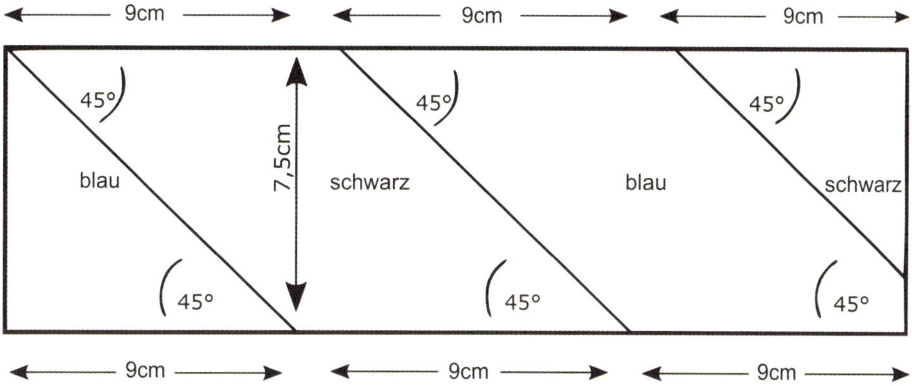

2

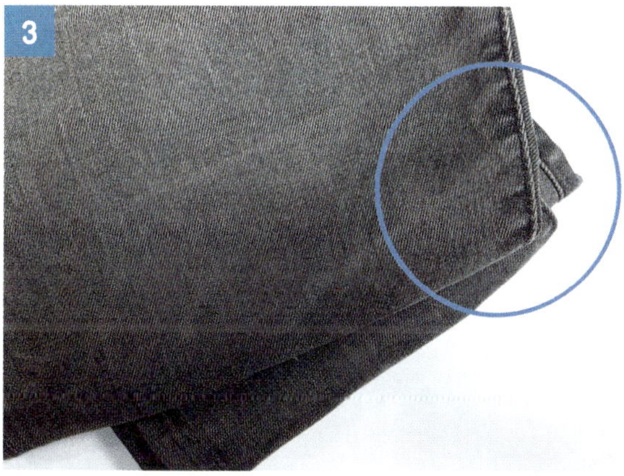

1. Für den zweifarbigen Streifen: Je einen Streifen aus schwarzer und blauer Jeans je 27 cm x 7,5 cm zuschneiden. Schräge Linien in 45° und einem Abstand von 9 cm einzeichnen (siehe Skizze in Bild 1).

2. Danach mit dem Rollenschneider auseinanderschneiden und im Farbwechsel zusammennähen. So entsteht die Blockstreifenoptik mit Schräge.

3. Für die grauen Seiten: Die Hose an den äußerer Nahtkanten zusammenlegen. 10 cm ab Nahtbruch x 31 cm breite Streifen abschneiden.

Fortsetzung: nächste Seite

4. Den blau-schwarzen Streifen zwischen die grauen Stücke einnähen und Kanten unten schließen und versäubern, sodass ein Beutel von 24 cm x ca. 30 cm entsteht. Jetzt den Reißverschluss (ca. 22 cm) einnähen und zwei Ösen 4 cm unterhalb der oberen Eingriffkante mittig der grauen Streifen annähen. Diese Ösen fertigt man, indem man zwei Streifen 5 cm x 1,5 cm zuschneidet, zusammennäht und von innen nach außen dreht.

5. Für das Innenfutter: Den Baumwollstoff (fertige Größe ca. 23,5 cm x 29,5 cm) zum Beutel zusammennähen. Danach in den Jeansbeutel stecken und mit der Hand an den Reißverschluss nähen.

6. Jetzt wird für die Jeansquaste ca. 9 cm x 17 cm schwarze Jeans mit dem Rollenschneider zugeschnitten. Man schneidet im unteren Stück 6 cm und ca. 0,5 cm Streifen mit dem Rollenschneider ein.

Durch den Reißverschluss-Puller wird nun eine Kordel gezogen. Der vorbereitete Stoff mit den Streifen wird an der geschlossenen Seite mit einem Leder- und Stoffkleber eingestrichen. Man rollt nun den Stoff um die Kordel und fixiert die fertige Quaste mit einer Wäscheklammer, bis sie getrocknet ist.

7. Jetzt fehlt nur noch der Trageriemen für die Tasche. Dafür benötigt man 135 cm x 5 cm (Länge x Breite) grauen Jeansstoff. Dieser wird 3-fach gefaltet und mit einer einfachen Steppnaht auf einer Seite zusammengenäht. Es entsteht ein ca. 1,5 cm breites Band. Überstände abschneiden und die Enden zu einer Schlaufe zusammensteppen. Die Karabiner in die Ösen und in die Trageriemen einhängen.

Zusammengeklappt und ohne Band verwandelt sich das Trägertäschchen in eine Clutch.

Niet- und Nagelfest

MATERIAL:
2 STÜCK JEANS, 1X GRAU, 1X SCHWARZ,
REISSVERSCHLUSS, NAHTFEIN (ROT)
SILBERNIETEN ZUM AUFBÜGELN,
6 DRUCKKNÖPFE IN SILBER

JEDER KENNT DAS: DRAUSSEN IST SOMMER, MAN MÖCHTE EINFACH LOSSTARTEN, UM DIE HÄUSER ZIEHEN, SPASS HABEN. DAFÜR IST DIESER PULS-GELDBEUTEL GENAU DAS RICHTIGE, EINEN SCHLÜSSEL, ETWAS GELD UND LOS GEHT´S! HERRLICH, DAS LEBEN KANN SO EINFACH SEIN ...

1

2

3

1. Den grauen und schwarzen Stoff (je ca. 8,5 cm x 26 cm) mit dem Rollenschneider ausschneiden. In den grauen Stoff mittig einen 16 cm langen Schlitz für den Reißverschluss einschneiden, Reißverschluss (ca. 16 cm – 18 cm) einnähen.

2. Nieten (Ø ca. 1,0 cm – 0,5 cm – 0,2 cm) nach Wunsch aufsetzen, vorsichtig ein Backpapier darüberlegen und die Nieten festbügeln.

3. Seitennähte bis auf eine Stelle an der langen Seite schließen. Geldbeutel auf rechts drehen und das letzte Stück per Hand schließen. Die Position der Druckknöpfe dem Handgelenk anpassen und vernieten.

Gut gepackt!

MATERIAL:
HOSENBEINE INKL. SAUM VON MIND. 2 BLUE JEANS, 2X BUND FÜR TRÄGER, DAVON EINER MIT KNOPF, SILBERNER RING, SAUMKANTE FÜR RINGHALTERUNG, 2 HOSENTASCHEN IN UNTERSCHIEDLICHEN BLAUTÖNEN, BUNTES LEDER, LEDERKLEBER

THINK BIG! DAS IST DAS MOTTO DES LÄSSIGEN JEANS-SHOPPERS. SCHNELL NOCH EINE KLEINIGKEIT IN DEN PRAKTISCHEN SEITENTASCHEN VERSTAUT UND LOS GEHT´S. OB ZUM EINKAUFEN, ZUM SCHWIMMEN ODER AUF DEM WEG ZUR ARBEIT – DIESE TASCHE NIMMT ALLES AUF, WAS MIT MUSS! MIT DEN FARBIGEN DETAILS WIRD AUS DEM LIEBLINGSTEIL EIN ECHTER HINGUCKER.

1

2

3

1. Für das Vorderteil ein Hosenbein in 14 cm x 50 cm inkl. Hosensaum für die Mitte zuschneiden. Für die seitlichen Teile werden je 15 cm breite Stücke inkl. Saum zugeschnitten.
Alle Teile zusammennähen. Eine Gesäßtasche 18 cm unterhalb der oberen Saumkante (ca. 10 cm) in der Mitte aufnähen. Die Tasche wird aus der Jeans herausgeschnitten. So bleiben die markanten Jeansnähte erhalten.

2. Für die Rückseite zwei Hosenbeine je 32 cm B x 50 cm L (inklusive Nahtzugabe) an der langen Kante zusammennähen. Eine Gesäßtasche 18 cm unter der oberen Saumkante in die rechte Hälfte 0,5 cm von der mittleren Naht aufnähen. Es entsteht eine Gesamtfläche der Einzelteile von ca. 2 x 56 cm B x 50 cm H. Vorder- und Rückenteil zusammennähen.

3. Die untere Nahtkante auf die seitliche Nahtkante legen, sodass ein Dreieck entsteht. Das Dreieck bei einer Weite von 15 cm abnähen. Danach abschneiden.

Fortsetzung: nächste Seite

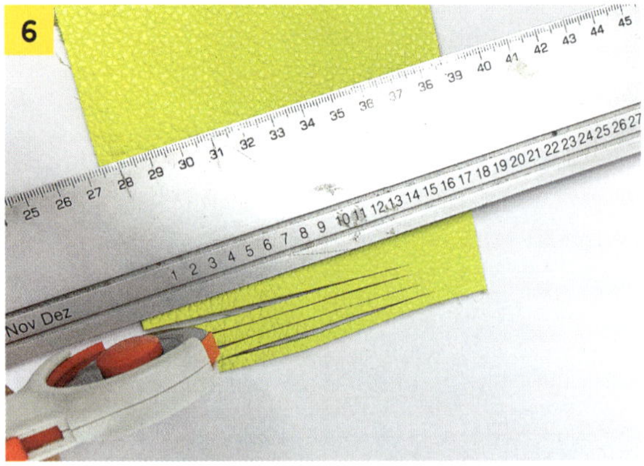

4. Für die Träger, den Bund (70 cm) direkt von der Hose abschneiden, damit auch hier die markanten Jeans-Nähte erhalten bleiben. Träger 9 cm unterhalb der Eingriffkante und 8,5 cm von der mittleren Kante festnähen. Eine Schlaufe aus dem Hosensaum mittig unter dem rechten Träger der Vorderseite zusammen mit dem silbernen Ring (Ø 4,5 cm) festnähen.

5. Innenkanten der Tasche mit Zick-zack-Stich farbig versäubern.

6. Für die Herstellung des Lederanhängers ein Lederstück (Stärke 0,3 cm – Größe ca. 12,5 cm x 8,5 cm) zuschneiden. Jeweils 0,3 mm breite x 8 cm lange Streifen mit dem Rollenschneider einschneiden. Ein Lederband von ca. 25 cm x 0,8 cm zuschneiden. Mit Lederkleber die Innenseite des oberen Lederteils bestreichen und fest die beiden Enden des Lederbandes umwickeln. Mit einer Wäscheklammer zum Trocknen fixieren.

Einen zur Brust nehmen …

MATERIAL:
2 HOSENTASCHEN, METALL-REISSVERSCHLUSS (SILBER); KLEINE JEANSSTÜCKE FÜR DIE SEITENRIEGEL, JEANSHOSENBUND ABGETRENNT 1 KLARSICHTHÜLLE, 2 JEANS-GÜRTELSCHLAUFEN, 1 ROTE KORDEL

NICHT NUR PRAKTISCH, SONDERN AUCH EINMALIG SCHÖN! DIESER BRUSTBEUTEL HÄLT ALLES BEISAMMEN: GELD UND FAHRKARTEN FINDEN HIER DAS RICHTIGE PLÄTZCHEN. DANK DER PRAKTISCHEN SCHLAUFEN KANN MAN DEN BRUSTBEUTEL AUCH ZUM HÜFTBEUTEL UMWANDELN. EINFACH AUF EINEN GÜRTEL AUFZIEHEN!

1

2

3

1. Für den Stern: Auf einen farbigen Baumwollstoff (ca. 8 cm x 8 cm) etwas haftenden Vliesstoff (Stärke H250) aufbügeln und mithilfe der Vorlage ausschneiden (Sternvorlage siehe nächste Seite). Stern auf eine Hosentasche aufnähen. Den Reißverschluss (14 cm oder passend zur Taschengröße) zwischen einer Hosentasche und der einen Hälfte Hosenbund (ca. 16 cm) mit Seitenriegeln einnähen.

2. Klarsichthülle genau der zweiten Hosentasche anpassen und mit der Nähmaschine auf der Tasche an drei Seiten festnähen.

3. Diese Taschenseite mit der anderen Hälfte des Bundes verbinden. Die restlichen Außennähte schließen.

Fortsetzung: nächste Seite

4

4. Gürtelschlaufen oben am Bund per Hand befestigen.

5

5. Kordel (Stärke 0,3 cm; Länge ca. 100 cm) in die Schlaufen einziehen. Hinweis: Wird der Brustbeutel von Kindern benutzt, sollte ein Sicherheitsverschluss innerhalb der Kordel eingearbeitet werden.

Neues Rottman
80333 München · Rottmannstr. 15 · Tel. 52 16 8
DIGITALE PROJEKTION · BLURAY · DOLBY DIGITAL · PRIVATVERANSTALTUNGE
Das Filmkunsttheater für anspruchsvolle Besucher
Druck: Beckerbillett Hamburg (05.12)
DRIES
SO, 06.08.2017 18:00 Uhr
REIHE: 7 PLATZ: 6
8,50 EUR (Erm.) LOGE
06.08.2017 17:58:50
Eintrittskarte gilt nur für die gelöste Vorstellung. Auf Verlangen vorzeigen.
06812625224

Back Packer

MATERIAL:
1 – 2 BLAUE JEANS (JE NACH KONFEKTIONSGRÖSSE),
1 HOSENBEIN EINER SCHWARZ GEFÄRBTEN JEANS,
LEDER, GURTVERSTELLER (SILBER),
2 D-RINGE – SILBER, 1 REISSVERSCHLUSS –
METALL (SILBER), INNENFUTTERSTOFF (B 43CM
X H 100CM), KL. INNENTASCHE (CA. 20CM X 20CM)

MIT DIESEM SCHÖNEN RUCKSACK IST MAN BESTENS AUSGERÜSTET. OB FÜR DIE FREIZEIT, ZUM ARBEITEN ODER FÜR DIE SCHULE, IN DEN COOLEN RUCKSACK PASST NICHT NUR EINIGES HINEIN, ES LÄSST SICH SOGAR NOCH WUNDERBAR ORDNEN. AUSSERDEM MACHEN IHN DIE BESONDEREN DETAILS EINFACH UNVERWECHSELBAR. UND DAS IST AUCH GUT SO.

1. Für das Vorder- und Rückenteil benötigt man 1 Stück Hosenbein (27 cm x 45 cm). Die Nähte liegen mittig. Für die Seitenteile fertigt man einen Streifen von gesamt ca. 17 cm x 45 cm. Die Seitenteile setzen sich zusammen aus je einer vorderen Eingrifftasche (BxH - 17 cm x 19 cm) und einem Stück Hosenbein (17 cm x 28 cm). Die obere Kante des Eingrifftaschenstücks mit der schmalen Kante des anderen Stückes zusammennähen.

2. Auf das Vorderteil in die linke untere Ecke das Lederzeichen (ca. 6 cm x 6 cm) aufnähen. Dafür ein großes „U" ausschneiden und an einem Ende zwei Stücke abtrennen, diese werden getrennt aufgenäht.

3. Für die Träger je ein Band 7 cm x 80 cm zuschneiden. Das Band wird so gefaltet, dass es 2,5 cm x 80 cm ist und dann mit einer doppelten Steppnaht zusammennähen. Im Schulterteil wird zum angenehmeren Tragen ein breiteres Stück angenäht (fertige Breite 6 cm x 18 cm im Bruch). Den Gurtversteller (Breite ca. 3,5 cm) am Träger befestigen.

4. Der gesamte Träger wird schräg zusammen mit einem Stück Hosenbund am oberen Rücken, ca. 11 cm unterhalb der oberen Kante befestigt.

Fortsetzung: nächste Seite

5

6

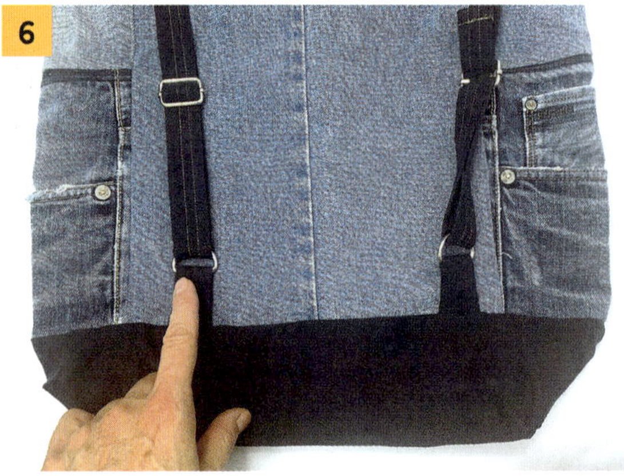

7

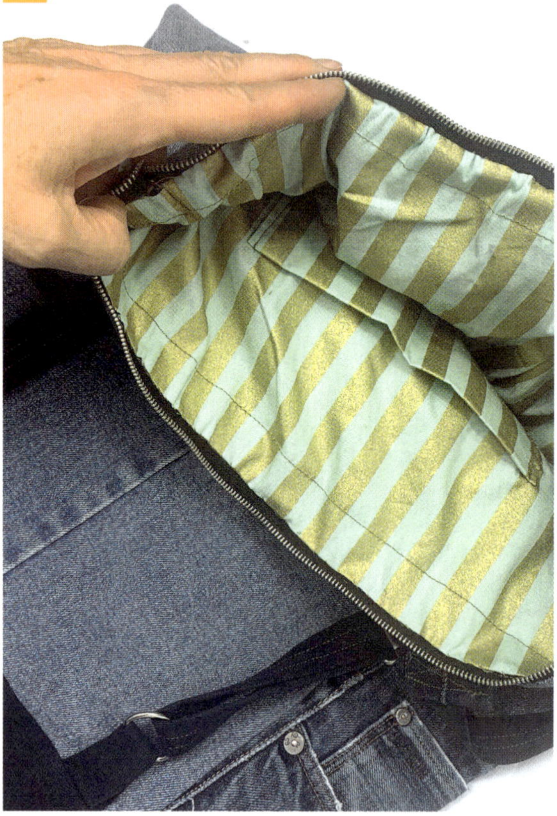

5. Für den Boden ca. 44 cm x 32 cm schwarze Jeans ausschneiden und mit Vlies (44 cm x 32 cm) zur Verstärkung bebügeln. Das Stück wird an der breiten Seite in den Bruch gelegt. An der unteren Bruchkante werden rechts und links zwei Vierecke (ca. 8 cm x 8 cm) ausgeschnitten und an den dadurch entstandenen Kanten zusammengenäht. So entsteht der Boden für den Rucksack.

6. Nun den Boden mit dem oberen Teil verbinden. Der Umfang von Ober- und Unterteil sollte exakt gleich sein. 7 cm von der Mitte des Rückenteils zwei Schlaufen (ca. 10 cm) inklusive D-Ringe (Breite ca. 3 cm) zwischen Boden und Oberteil mit einnähen.

7. Innenbeutel (finale Maße 42 cm x 48 cm) zusammennähen. Die Innentasche misst in der Breite 19 cm inklusive links und rechts je 0,5 cm Nahtzugabe, in der Höhe 21 cm inklusive 0,5 cm Nahtzugabe unten sowie 2,5 cm Umschlag oben für den Eingriff. Die Innentasche dann ca. 8 cm unterhalb der oberen Kante des Innenbeutels aufnähen. Reißverschluss (ca. 40 cm) in den Jeans - Rucksack nähen und Innenfutter von innen mit der Hand anheften.

Urlaub für die Füße

MATERIAL:
BLUE JEANS, KLEINE BOMMELBORDE, VERFESTIGTES VOLUMENVLIES, PAPPE, ANTIRUTSCH-SOCKENSTOPP (BSP. RAYHER)

EIN KURZER WOCHENEND-TRIPP RUFT! AM BESTEN VERREIST MAN MIT LEICHTEM GEPÄCK. DIESE FEDERLEICHTEN HAUSSCHUHE PASSEN AUF ALLE FÄLLE NOCH IN DIE TASCHE. UND DIE FÜSSE WERDEN DANKBAR SEIN, DENN DIE SCHLÄPPCHEN SIND AUCH NOCH HERRLICH BEQUEM!

1

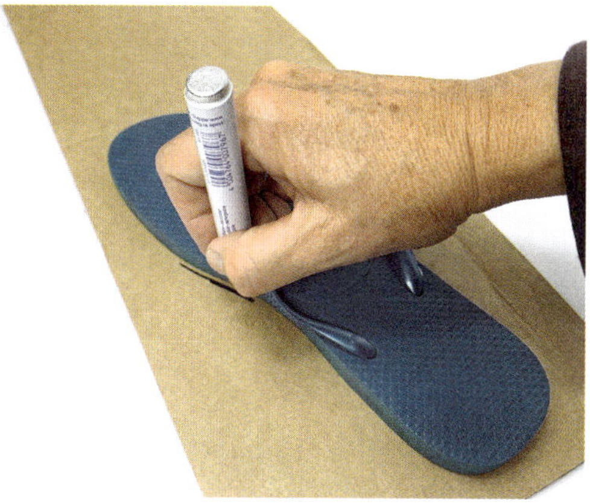

2

3

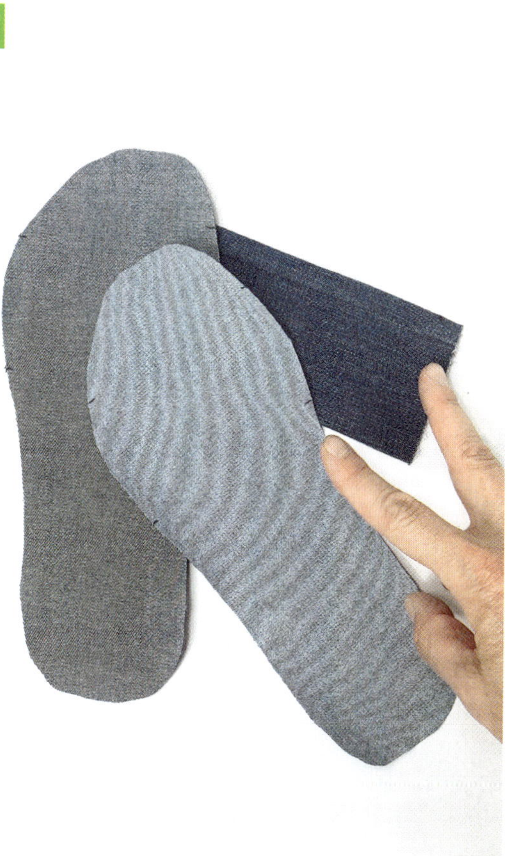

1. Als Erstes fertigt man anhand eines Paares Zehentrenner-Schuhen zwei Schablonen aus Karton für die Sohlen an. Die Pappe wird später für die Schuhe verwendet.

2. Mit den Schuhschablonen je Schuh aus Jeansstoff 2 x und aus dem Vlies 1 x die Schuhform ausschneiden. Für den Riemen 2 x ein Rechteck, ca. 16 cm (Kappnaht liegt mittig) x 18 cm aus Jeans ausschneiden.

Darauf achten, dass die Kappnaht oben mittig liegt. Borde (ca. 36 cm) direkt neben der Kappnaht aufnähen.

3. Position und Breite der Quer-Riemen der eigenen Füße auf den Sohlen anpassen und markieren.

Fortsetzung: nächste Seite

4

5

4. Alle Teile zusammennähen. Seitlich ca. 10 cm Naht offenlassen. Stoff verstürzen, Pappe (2 x ca. 14 cm x 28 cm) und Vlies (2 x ca. 14 cm x 28 cm) einlegen. Die Öffnung per Hand zunähen.

5. Damit man sich mit den Schläppchen auch rutschfrei bewegen kann, empfiehlt es sich, etwas Antirutsch-Sockenstopp auf die Sohlen aufzutragen.

Home Sweet
Home

Offen für alles

MATERIAL:
JEANS IN 4 VERSCHIEDENEN FARBEN, 1 REISSVERSCHLUSS BUNT, 1 STÜCK FARBIGES LEDER, 1 BEUTEL REIS, WEITERES FÜLLMATERIAL

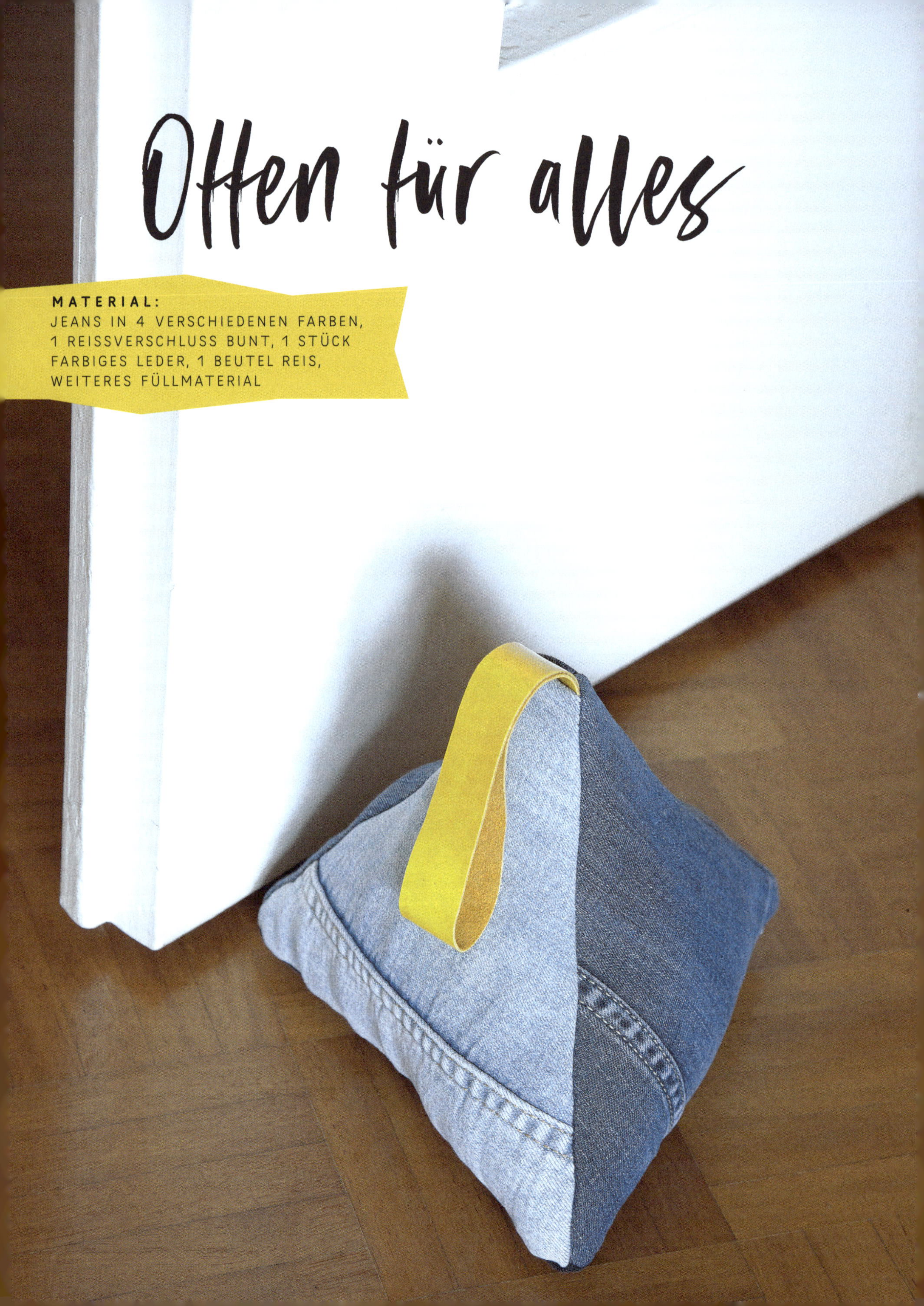

DER SOMMER STEHT VOR DER TÜR, HEREIN MIT IHM! WENN NICHT DIE LEICHTE BRISE IHM DIE TÜR VOR DER NASE ZUSCHLÄGT. PENG! DER KNAUTSCHIGE, ROBUSTE TÜR-STOPPER VERHINDERT DAS UND BEWAHRT UNS VOR MANCH UNERWARTETEM KNALL.

1

2

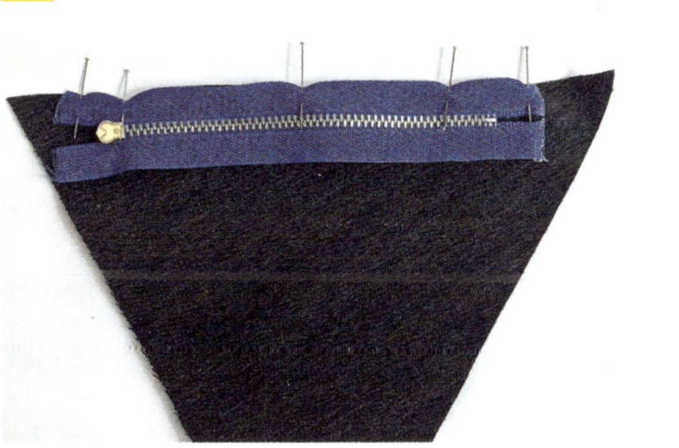

3

1. Mit dem Rollenschneider 4 Jeans-Dreiecke (Stücke ca. 21 cm x 21 cm groß, Kapp-Nähte durch das Dreieck queren lassen) ausschneiden. Farben nach Belieben auswählen. (Skizze Dreieck siehe Seite 60). Auf robuste, lochfreie Stoffe achten. Außerdem schneidet man noch einen 2 cm breiten und ca. 20 cm langen Lederstreifen (Stärke: 1,0 mm bis 1,5 mm) für den Griff zu.

2. Zuerst wird der Reißverschluss (ca. 14 cm) an eine Seite des unteren Dreiecks genäht. Am besten einen robusten, dunklen Jeansstoff für das Boden-Dreieck wählen.

3. Danach näht man das zweite Dreieck an die andere Seite des Reißverschlusses. Die beiden überstehenden Seiten neben des Verschlusses werden jetzt zusammengenäht. Unbedingt den Reißverschluss nach dem Einnähen leicht öffnen. Am Ende muss das Innere des Stoppers durch den Reißverschluss auf die Außenseite gedreht werden. Jetzt die anderen Dreiecke um das unterste Dreieck nähen. Oben ein Stück für den Griff offenlassen.

Fortsetzung: nächste Seite

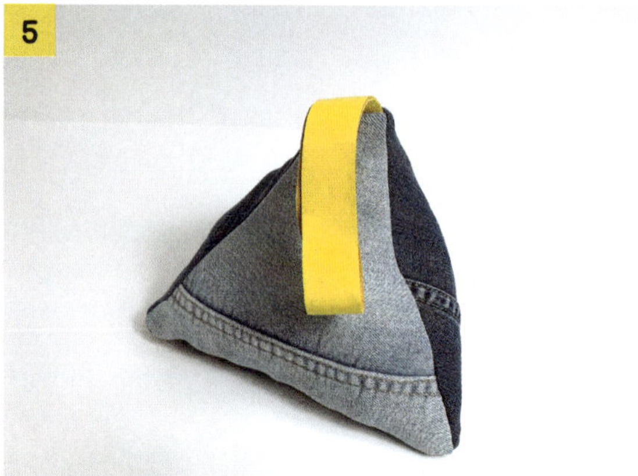

4. Lederschlaufe nach innen stecken und mit den oberen Kanten der Dreieck-Spitze zusammennähen. Nun dreht man das Innere durch den Reißverschluss nach außen.

5. Für die Füllung gibt man in die Spitze etwas zerschnittenen Schaumstoff, zerrissene Stoffreste (gerne auch Jeans) oder Wollreste - sodass das obere Drittel ausgefüllt ist. Danach füllt man den Rest mit Reis (500 g) auf. Reißverschluss schließen und fertig ist der lässige Türsteher!

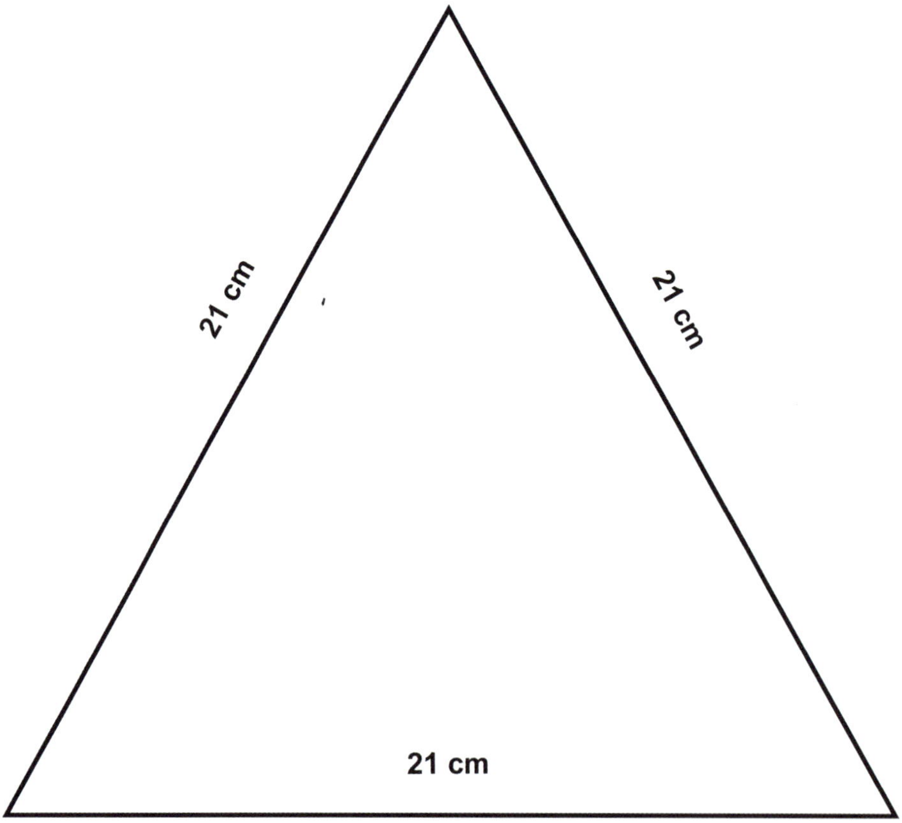

Abhängen!

MATERIAL:
1 BAND AUS JEANS GENÄHT (FÜR EILIGE: EINFACH EINE KORDEL), 10 – 12 VERSCHIEDENE JEANSRESTE FÜR DIE WIMPEL, BUNTE WOLLRESTE

EINMAL QUER DURCHS ZIMMER ODER DOCH LIEBER VOR DER GARTENLAUBE IM WIND FLATTERN LASSEN? DIESE WIMPEL PASSEN IMMER! EGAL OB OUTDOOR ODER INDOOR, DIE FLOTTEN DREIECKE PASSEN SICH IHRER UMGEBUNG FABELHAFT AN.

1. Kette (230 cm) aus langen Jeansstücken selber nähen: ca. 3 cm breite Streifen ausschneiden und diese bis zu 230 cm aneinandernähen. Längs falten und ca. 0,4 cm vom Bruch eine Naht setzen. Danach mit dem Rollenschneider eine saubere Kante in ca. 0,8 cm Breite schneiden.

2. Die Wimpel aus Jeansresten (ca. 20 cm x 22cm) mithilfe der Vorlage auf der nächsten Seite, ausschneiden. Seiten bleiben hier mit offenen Kanten. An der Bruchlinie den Stoff umklappen und mit einem Zick-zack-Stich feststeppen.

3. Verschiedene Farben aus Wollresten zusammenstellen, um daraus die kleinen Quasten anzufertigen.

Fortsetzung: nächste Seite

4

4. Wollfaden ca. 5-mal um drei Finger wickeln. Im oberen Drittel eine kleine Schlaufe abbinden.

5

5. Langes Schlaufenende gerade abschneiden. Quasten an der unteren Spitze anheften. Wimpel auf die Schnur auffassen. Fertig!

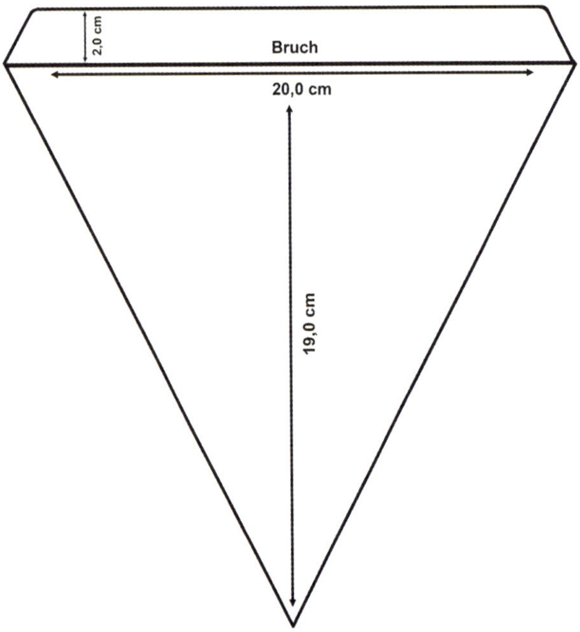

Streifzug

MATERIAL:
1 STÜCK BLUE JEANS MIT JEANS-KAPPNAHT MITTIG ENTLANG DER BREITEN SEITE, 2 STÜCK JEANS IN ZWEI FARBEN, 1 METALLREISSVERSCHLUSS (SILBER/SCHWARZ), KOPFKISSENFÜLLUNG

SONNTAGNACHMITTAG, DER REGEN KLOPFT AN DIE FENSTERSCHEIBEN UND DER TEE STEHT DAMPFEND NEBEN DER COUCH. JETZT WILL MAN SICH NUR NOCH IN DIE KISSEN KUSCHELN UND EIN GUTES BUCH LESEN. DAFÜR HAT DAS STREIFENKISSEN GENAU DIE RICHTIGE GRÖSSE! VIELLEICHT IST AUCH EIN STÜCKCHEN LIEBLINGSJEANS IN EINEM STREIFEN ENTHALTEN. WIE SCHÖN!

1

2

3

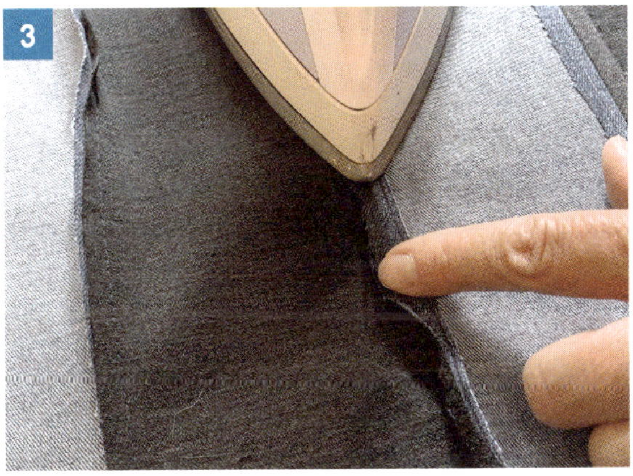

4

1. Für die Streifen eine Schablone anlegen. Dafür die Streifen im Abstand von 12 cm und 45° auf ein Papier mit den Maßen 42 cm x 30 cm einzeichnen. Auseinanderschneiden und als Grundlage für die Stoffstreifen nutzen.

2. Streifen anhand der Schablone zuschneiden und aneinandernähen.

3. Kanten auf der linken Seite auseinanderbügeln. Das gibt eine schönere Optik.

4. Reißverschluss (ca. 21 cm) 5 cm vom linken Seitenrand entfernt einnähen. Reißverschluss öffnen und die restlichen Kanten zusammennähen. Über den Reißverschluss von innen nach außen kehren. Kissen befüllen (z.B. Polyester Hohlfasern).

Gigantisch entspannend

MATERIAL:
CA. 8 ERWACHSENEN-JEANS MIT GERADEM BEIN (HELL- UND DUNKELBLAU), JEANSBUND INKL. GÜRTELSCHLAUFE, REISSVERSCHLUSS NAHTFEIN (DUNKELBLAU), FÜLLSTOFF: STYROPOR-KÜGELCHEN

EIN LANGER TAG NEIGT SICH DEM ENDE. JETZT ERST MAL MIT EINER TASSE TEE BEQUEM IM SITZSACK ENTSPANNEN. VORSICHT – EINSCHLAFGEFAHR! HIER IST ES EINFACH ZU GEMÜTLICH ...

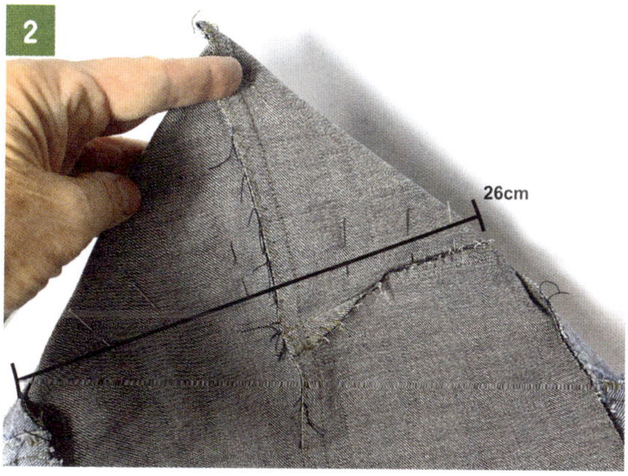

1. Aus den Jeansstoffen 2 riesige Rechtecke zusammennähen. Die Gesamtfläche pro Seite beträgt ca. 85 cm x 110 cm (siehe Zeichnung auf S. 70). Dabei die Vorder- und Rückseite dreifarbig einteilen: Oben und unten wird ein dunkelblauer Streifen von ca. 15 cm plus Nahtzugabe gefertigt. In der Mitte werden je nach Hosenbein-Breite mehrere gerade 80-cm-Stücke in einem Längsstreifen-Muster aus hellblauen Jeans angeordnet.

2. Sind beide Flächen komplett zusammengenäht, werden die Seitennähte und die untere Naht geschlossen. Die Ecken der unteren Kante werden abgetrennt, sodass eine 26 cm breite Kante verbleibt.

3. Nun den Hosenbund (Länge 28 cm) als Griff auf der unteren Naht des unteren Teils feststeppen.

Fortsetzung: nächste Seite

4. Die Mitte der oberen Kanten bildet die Ecken der oberen Nahtkante. So entsteht die spätere Rückenlehne des Sitzsacks. Im oberen Drittel der Naht den Reißverschluss (ca. 30 cm) einarbeiten.

5. Mit Styropor-Kügelchen (ca. 80 – 100 l) befüllen, bis der Sack schön prall ist, Reißverschluss schließen und relaxen!

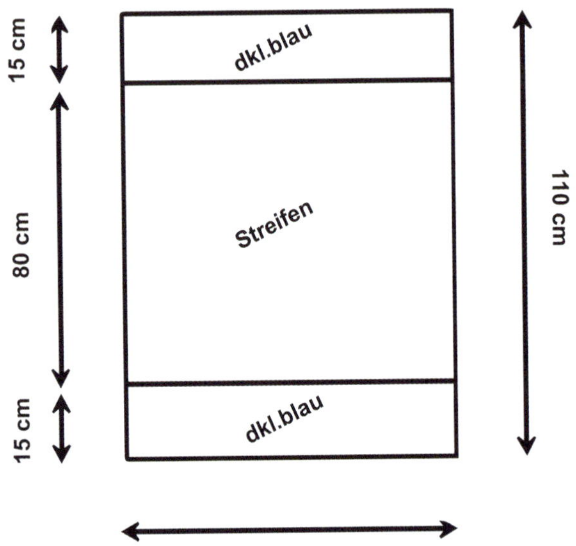

Hase Hosenbein

MATERIAL:
1 GERADES HOSENBEIN (CA. 48CM LÄNGE, UMFANG CA. 36CM – 38CM), BUNTE HOSENTASCHE FÜR DEN BAUCH (Z.B. IN ROSA), STICKGARN ODER WOLLRESTE IN WEISS, FÜLLSTOFF (WOLLE ODER SCHAUMSTOFF), 1 BOMMEL

DIESER HASE IST EIN VERTRAUENSWÜRDIGER ZUHÖRER, ER HAT EIN OHR FÜR JEDEN. SCHLANK UND WEICH, WIE ER IST, FINDET ER ÜBERALL EIN PLÄTZCHEN, OB ZU HAUSE ODER AUF REISEN. ER IST EIN BELIEBTER BEGLEITER.

1

2

3

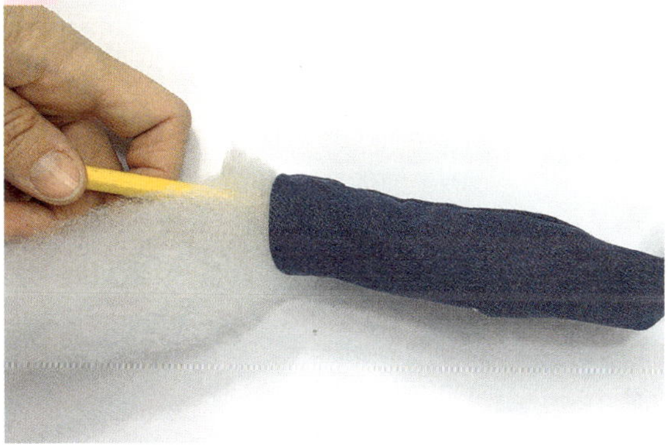

1. Alle Körperteile zuschneiden: 2 x Ohren außen (63 cm x 9 cm), 2 x Ohren innen (34 cm x 6 cm), 2 x Beine (31 cm x 12 cm) und 2 x Arme (25 cm x 10 cm). Für die Innenohren einen hellen Stoff wählen. Ohren im oberen Drittel konisch zulaufen lassen. Dafür bei 12 cm unterhalb der Spitze anschrägen. Innen- und Außenohr zusammennähen und verstürzen.

2. Für den Körper ein gerades Hosenbein von der Jeans abtrennen. Hosensaum nach unten richten. Den oberen Teil des Kopfes leicht abrunden. Ohren platzieren und beim Schließen der Naht mit einbeziehen.

3. Beine und Arme zuschneiden, versäumen und zusammennähen dann mit leichtem Füllstoff befüllen.

Fortsetzung: nächste Seite

4. Körper befüllen und Beine unten mit dem Saum zusammennähen.

5. Arme, Hosentasche und Bommel (S. 76/77) für die Blume - so nennt man beim Hasen den Schwanz mit der Hand annähen. Der Bommel und die Hosentasche sollten farblich aufeinander abgestimmt sein. Gesicht aufsticken.

Pompom Spaß

MATERIAL:
WOLLE, SCHERE

KLEINE BOMMEL KANN MAN SICH NATÜRLICH SUPER SCHNELL SELBST HERSTELLEN. AUS VERSCHIEDENEN GARNEN, IN DER PASSENDEN GRÖSSE UND DER ENTSPRECHENDEN FARBE.

1

2

1. Je nach Größe des Pompons die Wolle um 2, 3 oder 4 Finger wickeln. Dann die Mitte des Wickels fest mit einem Wollfaden abbinden.

2. Schlaufen an beiden Enden aufschneiden und die Enden zu einem Ball zurechtschneiden.

Gut verpackt

MATERIAL:
1 STÜCK FARBIGE JEANS,
SCHWARZES GARN

IM BEUTEL GUT VERPACKT IST DER KLEINE FRÖHLICHE HASE IMMER MIT DABEI. FAST WIE EIN SORGENPÜPPCHEN KUSCHELT ER SICH IN DEN BAUCH VON FRAU HOSENBEIN EIN.

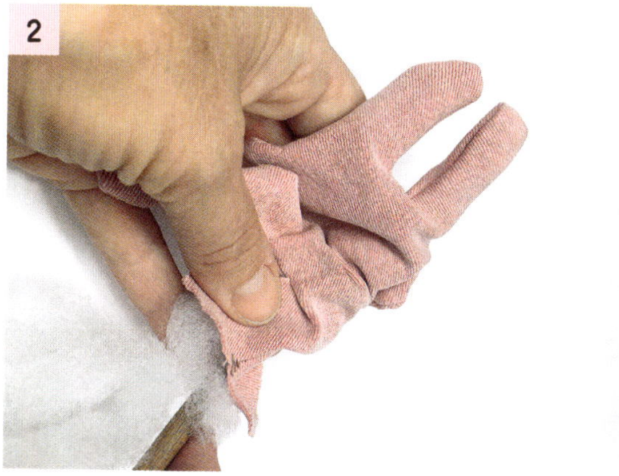

1. Stoff (ca. 14 cm x 10 cm) anhand der Schablone (siehe nächste Seite) für den Hasen 2x ausschneiden.

2. Stoffe rechts auf rechts zusammennähen, Stoff wenden, vorsichtig mit Füllstoff füttern und die letzte Naht verschließen.

3. Gesicht nach Schablone mit schwarzem Garn besticken.

16 cm
12 cm

All you "Niet" is Love

MATERIAL:
HOTFIX-STRASSSTEINE ZUM AUFBÜGELN, 2 STÜCKE BLUE JEANS, STOFFBÄNDCHEN, LAVENDEL GETROCKNET

DIESES SCHÖNE HERZCHEN KANN ALS GLÜCKSBRINGER VERSCHENKT ODER ABER AUCH MIT LAVENDEL GEFÜLLT WERDEN. DAS HÄLT DIE WÄSCHE FRISCH UND FREI VON MOTTEN!

1

2

1. Zwei Herzen mithilfe der Vorlage aus 2 Stücken Stoff (je 12 cm x 12 cm) ausschneiden. Nieten (4 mm ø) auf die Außenseite eines Herzens legen. Darauf achten, dass genug Platz für die Steppnaht zum Rand bleibt! Auf die Nieten vorsichtig ein Backpapier legen und mit mittlerer Hitze und leichtem Druck die Nieten aufbügeln.

2. Danach legt man die beiden Jeansherzen auf rechts auf rechts aufeinander. Zwischen die Herzen legt man das Bändchen (ca. 20 cm) mit der Schlaufe nach innen, bis auf eine kleine Öffnung zusammennähen, und anschließend wenden. Zum Schluss das Herz mit Lavendel füllen und die restliche Naht von Hand schließen.

Recycling-Tipp: Bänder, die in T- Shirts eingenäht sind, vorsichtig abschneiden und als Anhängerbändchen wiederverwerten!

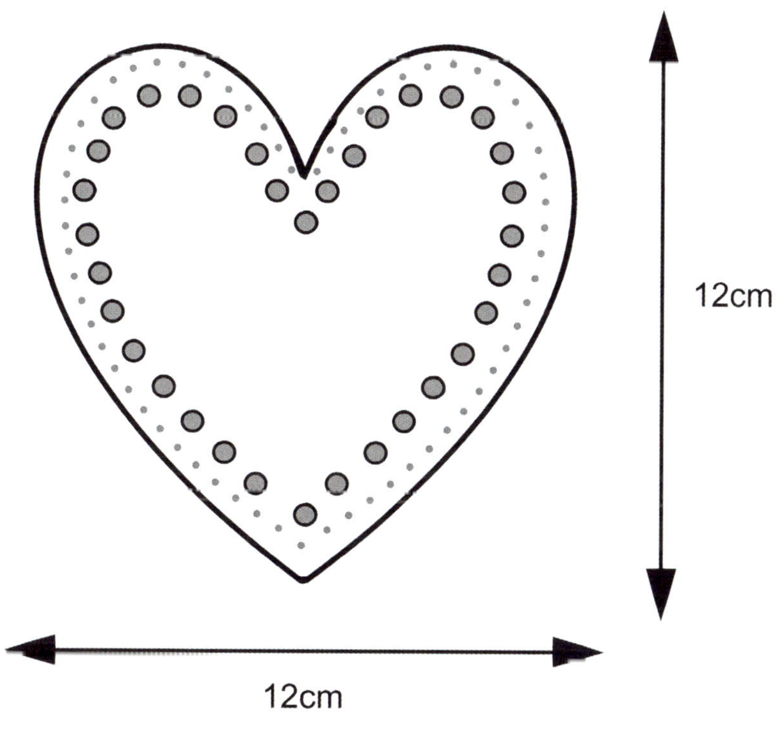

Alles dufte!

MATERIAL:
2 STÜCKE BLUE JEANS, ETWAS GARN (Z.B. SILBERFARBEN), BUNTE PERLEN, KLEINE QUASTE, LAVENDEL GETROCKNET

ALLE KENNEN DAS: DIE MOTTEN SCHWIRREN UM DEN KLEIDERSCHRANK! JETZT HEISST ES VORBEUGEN. DAS GEHT DEKORATIV UND ÖKOLOGISCH MIT EINEM LAVENDELSÄCKCHEN. NEBENBEI VERLEIHT ES DEM SCHRANK AUCH EINEN ANGENEHM FRISCHEN UND BERUHIGENDEN DUFT!

1. Herzvorlage aus Pappe gemäß Skizze (siehe Seite 83) ausschneiden.

2. Mithilfe der Pappvorlage werden zwei gleiche Herzen aus Jeansstoff (je 12 cm x 12 cm) ausgeschnitten. Die Vorder- und Rückseite werden rechts auf rechts aufeinander genäht. Eine kleine Öffnung muss für das Einfüllen des Lavendels offenbleiben. Jetzt das Herz in der Waschmaschine waschen, damit sich der lässige ausgefranste Rand bildet.

3. Die Quaste unten an die Herzspitze nähen.

4. Die Perlen nach Belieben auffädeln und oben am Herzrand befestigen. Lavendel einfüllen, die offene Stelle per Hand zusammennähen. Nun ist das Herz fertig! Echt dufte!

Jeans Küche

Abgefrühstückt!

MATERIAL:
1 HOSENBEIN, BUNTER KLETT-VERSCHLUSS, BESCHICHTETER BAUMWOLLSTOFF

DIESER BROTZEITBEUTEL IST EIN LÄSSIGER BEGLEITER IM ALLTAG ODER AUF REISEN. LEICHT UND PFLEGELEICHT SERVIERT ER FRÜHSTÜCK UND GUTE LAUNE!

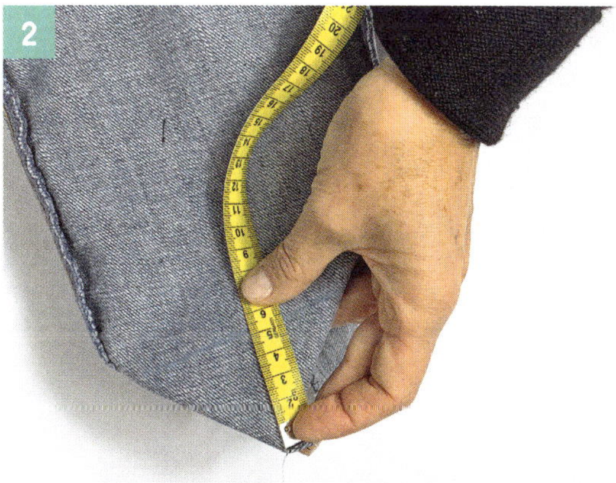

1. Hosenbein (Länge ca. 32 cm, Umfang ca. 45 cm) gerade abschneiden. An der Schnittkante zusammennähen. Dabei darauf achten, dass eine der Jeansnähte mittig liegt. Kanten mit Zick-zack-Stich versäubern. Ecken wie bei einem Milchbeutel abnähen.

2. Die Spitze im Abstand von ca. 5 cm abnähen. Ecke abschneiden und Kanten versäubern.

3. Als Nächstes den Klettverschluss (Haken- und Flauschbandseite, ca. 14 cm) mit gleichfarbigem Garn mittig auf die Außenkanten des Jeansbeutels (vorne und hinten) aufnähen.

Fortsetzung: nächste Seite

4. - 5. Danach Innenbeutel in 33 cm Länge mal 44,5 cm Breite zuschneiden. Eine der breiten Kanten versäumen. Dann die restlichen Kanten zusammennähen und versäubern. Ecken wie bei der Jeans-Außenhülle ausarbeiten.

Jetzt den Beutel mit der beschichteten Seite innenliegend in den Jeansbeutel einschieben und mit dem Beutel an der oberen Kante zusammennähen.

6. Zum Verschließen obere Kanten einrollen.

Gut geschutzt!

MATERIAL:
JEWEILS 2 STÜCK BLUE JEANS, VERFESTIGTES VOLUMENVLIES/FLANELLSTOFF, JEANS-HOSENBUND (INKL. GÜRTELSCHLAUFEN)

KEINE HEISSE SACHE: DAS NÄHEN DIESES KOCHHANDSCHUHES GELINGT IMMER. HIER WIRD NICHT NUR DIE JEANS RECYCELT, AUCH DAS ALTE HOLZFÄLLERHEMD ERWACHT ZU NEUEM LEBEN.

1

2

3

1. Jeans (ca. 22 cm x 30 cm), Flanellstoff und Vlies in gleicher Größe jeweils 2x spiegelverkehrt zuschneiden. (Schnittmustervorlage siehe nächste Seite). Hosenbund (ca. 36 cm) von der Jeans abtrennen. Das Knopfloch bildet die eine Ecke des Kochhandschuh-Saums. Damit kann er später aufgehängt werden.
Teile der Reihenfolge nach aufeinanderlegen (Flanell, Vlies, Jeans), mit Zick-zack-Stich versäubern und mit dem Gegenstück zusammennähen.

2. Hosenbund per Hand an die untere Handschuhkante nähen.

3. Kochhandschuh von innen nach außen drehen und die Gürtelschlaufen am Handschuh per Hand befestigen.

Fortsetzung: nächste Seite

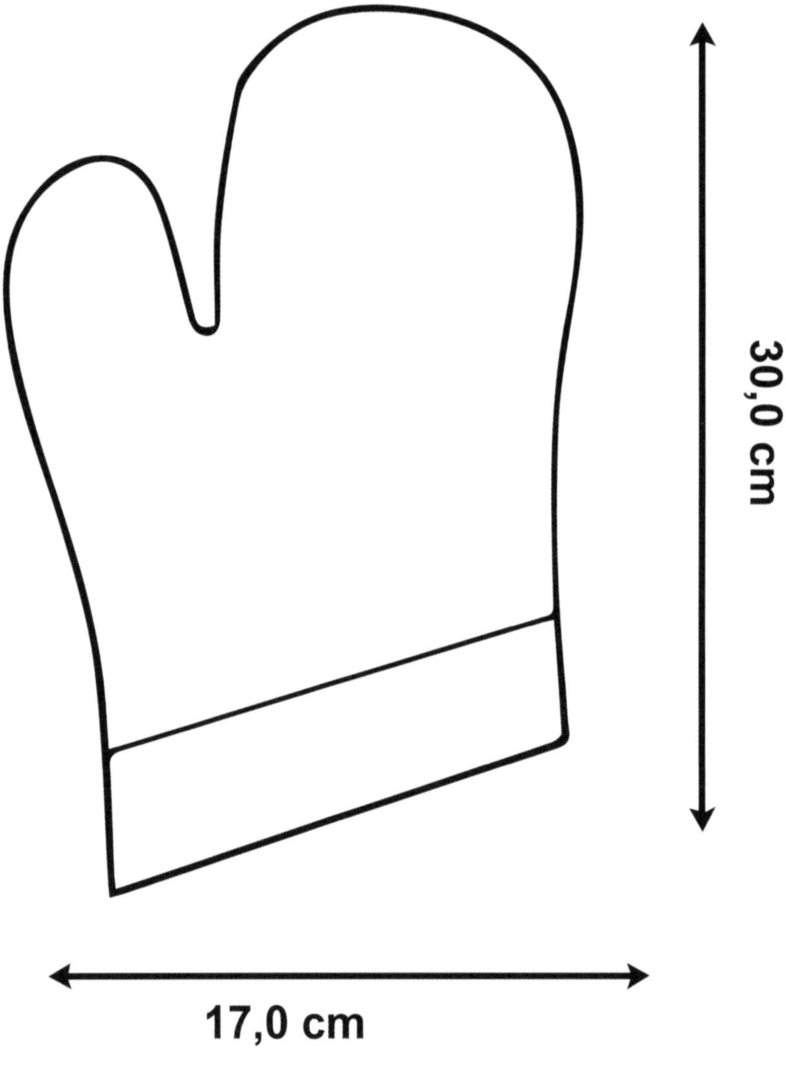
30,0 cm
17,0 cm

Tief in die Tasche greifen

MATERIAL:
JE 2 BLUE JEANS-HOSENTASCHEN AUF JEANS, VERFESTIGTES VOLUMENVLIES, 1 JEANS-HOSENBEIN INKL. KAPPNAHT, FARBIGE JEANS FÜR BÄNDER

... UND DAS, OHNE GELD AUSZUGEBEN! IM GEGENTEIL SPART MAN SOGAR ETWAS, WENN AUS EINER ALTEN JEANS ZWEI NEUE JEANSTASCHEN-TOPFLAPPEN ENTSTEHEN. EIN TOLLES WORT FÜR ZWEI TOLLE BEGLEITER!

1

2

3

4

1. Hintere Hosentaschen: Mindestens 5 cm über dem Tascheneingriff großzügig aus der Jeans ausschneiden. Um die Taschen ca. 1 cm Nahtzugabe stehen lassen. Volumenvlies (2 x ca. 25 cm x 25 cm) und die Rückseiten aus dem Hosenbein (2 x ca. 25 cm x 25 cm) ebenfalls vorbereiten.

2. 2 Bänder aus farbigem Denim zuschneiden (je 20 cm x 4 cm) und mit 2 Nähten in 5 mm Abstand zu einem schmalen Band fixieren.

3. Vorder- und Rückseite der Topflappen mit den Bändern rechts auf rechts legen und auf links zusammennähen, dabei eine Seite offenlassen. Topflappen auf rechts drehen und Volumenvlies einstecken und mit ein paar Stichen an der Kappnaht per Hand fixieren.

4. Seitliche Naht per Hand schließen. Den zweiten Topflappen gegengleich fertigen.

Hübsch aufgeschürtzt

MATERIAL:
1 BLAUE HERREN-JEANS, 1 SCHWARZE HOSENTASCHE, STREIFENBORDÜRE (LÄNGE CA. 15CM – 20CM, BREITE CA. 3CM)

DIESE KOCHSCHÜRZE IST ALLES ANDERE ALS ALTBACKEN! MIT EINEM LÄSSIGEN MIX AUS ALTER JEANS UND BUNTEN BORDEN-DETAILS ERHÄLT DIE SCHÜRZE MINDESTENS DREI STERNE FÜR DAS BESTE OUTFIT IN DER KÜCHE. NA DANN, GUTES GELINGEN!

1

2

3

1. Jeans 36 cm unter dem Bund gerade abschneiden. Schritt auftrennen und Reißverschluss heraustrennen. Dabei den Bund mit Knopf und Knopfloch stehen lassen. Den Rest vorne mittig gerade abschneiden und umnähen. Für die Taille 2 x 75 cm lange Bänder fertigen und an den Hosenbund annähen.

2. Geöffneten Schritt hinten übereinander nähen, sodass eine gerade Fläche entsteht. Nun die untere Kante versäumen.

3. Für den Latz ein Stück Hosenbein inkl. Saum abschneiden. Die Kappnaht wird in die Mitte gelegt (14 cm x 30 cm im Bruch gelegt). Kanten versäubern und umnähen. Schwarze Hosentasche mittig 8 cm unterhalb der oberen Latzkante aufnähen. Dabei ca. 6 cm unterhalb der oberen Taschenkante eine Schlaufe aus 5 cm Streifenborde mit einnähen. Die Enden der Latz-Träger jeweils mit einem Stück Streifenbordüre umnähen.

Nice to have

Glanz-Lichter

MATERIAL:
SAUM EINES HOSENBEINS, VERSCHIEDENE NIETEN (SILBERNE STERNE UND PUNKTE ZUM AUFBÜGELN), 1 SILBERNER RUNDER KNEBELVERSCHLUSS

EINFACH SCHÖN – EINE SCHNELLE NUMMER! EINMAL SCHNIPP-SCHNAPP, ETWAS HEISSE LUFT, NOCH EINEN SCHÖNEN VERSCHLUSS ANNÄHEN UND SCHON IST DAS EIGENE DESIGNER-ARMBÄNDCHEN FERTIG. HERRLICH! DER SOMMER KANN KOMMEN!

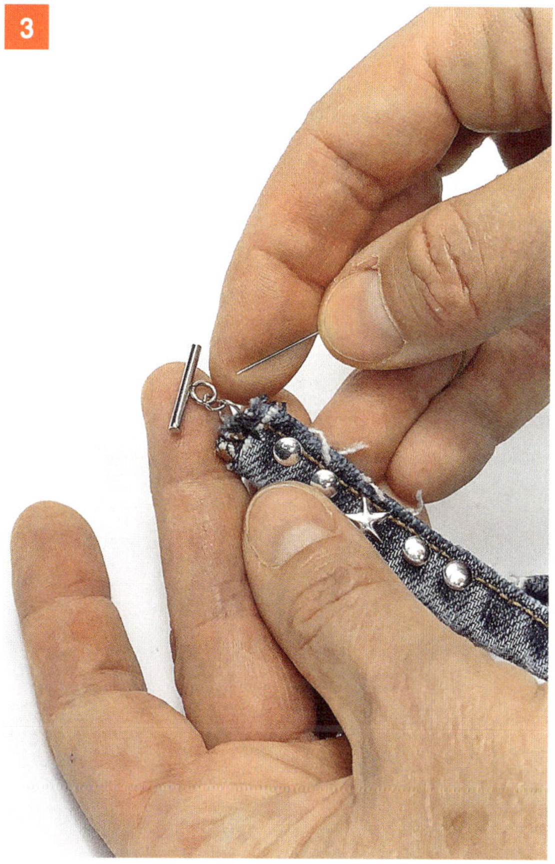

1. Saum dicht an der Naht des Hosenbeins abschneiden. Die feste Naht an der Seite heraus schneiden, sodass gerade Kanten entstehen.

2. Bügelnieten in beliebiger Anordnung darauf verteilen, dann ein Backpapier darüberlegen und mit leichtem Druck aufbügeln.

3. Verschluss per Hand an die Enden nähen.

Runde Sache!

MATERIAL:
1 GÜRTELSCHLAUFE EINER DÜNNEN JEANS (SCHWARZ), SILBERNIETEN ZUM AUFBÜGELN

EIN NEUER RING – WOW! WAS IST DAS FÜR EIN MATERIAL? WIE BITTE – AUS JEANS!? NA DAS IST JA MAL UNGEWÖHNLICH! WARUM NICHT MAL WAS AUSGEFALLENES AUSPROBIEREN: EINEN RING AUS JEANS! PASST ZUM LÄSSIGEN OUTFIT UND LÄSST SICH SCHNELL HERSTELLEN!

1. Gürtelschlaufe von der Jeans abtrennen. Nieten nach Wunsch aufsetzen, Backpapier darüberlegen und die Nieten (ca. 0,5 cm - 0,2 cm Ø) festbügeln.

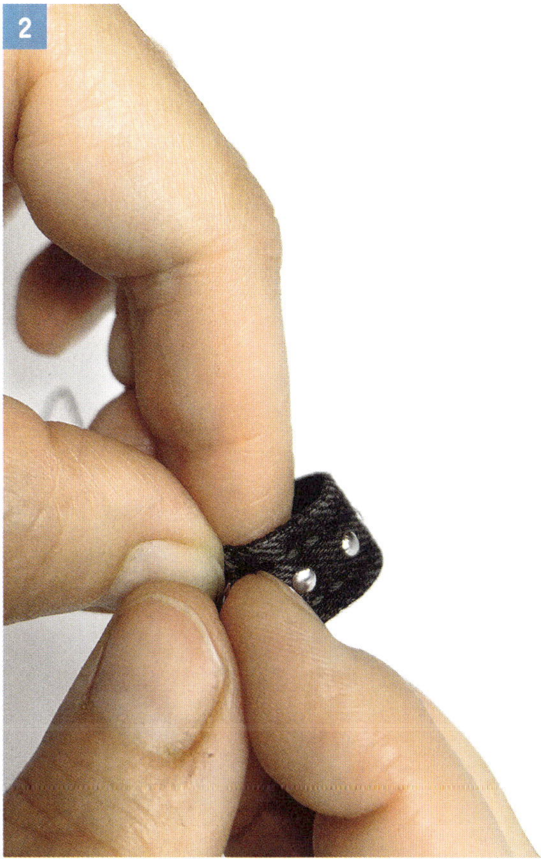

2. Ring an den Finger anpassen und per Hand zusammennähen.

Kunterbunt

MATERIAL
2 STREIFEN JEANS, MIND. 5 VERSCHIEDENE BUNTE NÄHGARNE, 1 SCHMUCKVERSCHLUSS SILBERN

DAS KUNTERBUNTE JEANS-ARMBAND IST EIN ECHTER EYE-CATCHER! ETWAS GEDULD UND MUSSE IST ZWAR ERFORDERLICH, ABER ES LOHNT SICH!

1

2

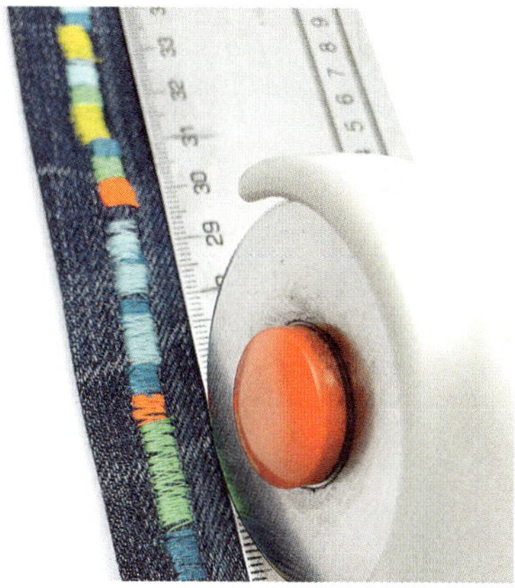

3

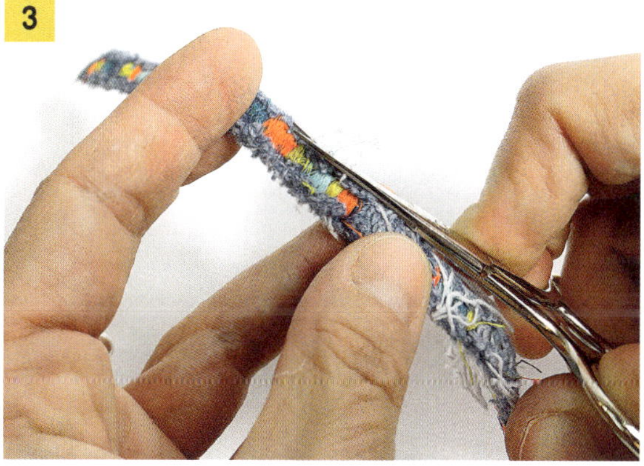

4

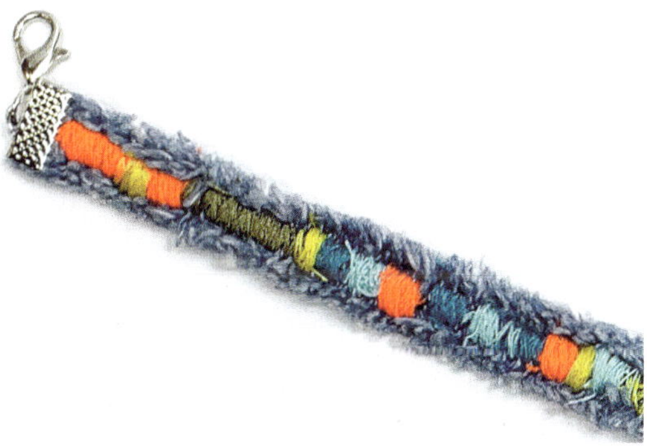

1. Beim Zuschnitt darauf achten, dass in der Länge die weiße Kette liegt. Wenn man das Band wäscht, entsteht eine lässige Used-Optik durch die blauen Schuss-Fäden neben den bunten Ringeln. Jeans-Streifen (Länge ca. 17 cm, Breite 2 cm bis 3 cm je nach Handgelenk) mit den Innenseiten aufeinander stecken. Hilfslinie mit Kreide auftragen. Bunte Farben nacheinander und lückenlos mit Zick-zack-Stich auf den Streifen aufbringen.

2. In jeweils ca. 3 mm Abstand von den Ringeln eine gerade Kante mit dem Kantenschneider abtrennen.

3. Das fertige Band in der Waschmaschine bei Schonwaschgang waschen. Überstehende Fäden werden vorsichtig mit einer Schere abgeschnitten.

4. Am Schluss den silbernen Karabinerverschluss an den Enden festnähen.

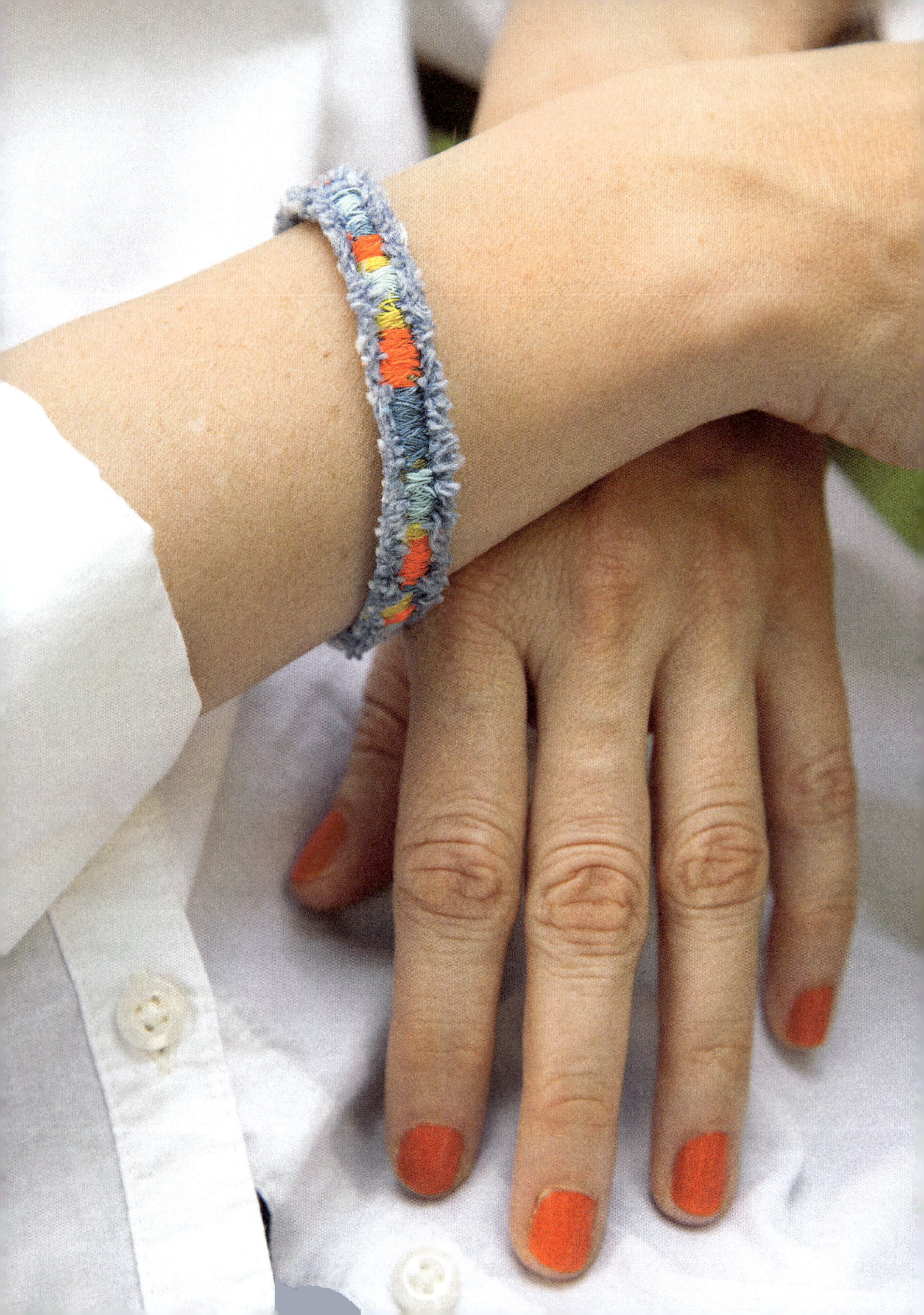

Pimp up my Jeans

GapKids
SKINNY STRETCH
MADE IN

It's Boarding-Time

MATERIAL:
1 LIEBLINGSJEANS
1 STÜCK BOMMEL-BORDE

WIEDERMAL EIN NEUER LOOK GEFÄLLIG? DIESE VERSCHÖNERUNG IST SCHNELL UND EASY UMZUSETZEN. OB KUNTERBUNT ODER UNIFARBEN – DIE BOMMEL-BORDE MACHT IMMER ETWAS HER.

1. Borde (ca. 30 cm - 40 cm) auf die Länge der Taschenöffnung zuschneiden und mit der Hand aufnähen. Fertig!

Bunt eingefasst!

MATERIAL:
1 LIEBLINGSJEANS, BUNTES STICKGARN ODER RESTE VON DÜNNEM WOLLGARN

KUNTERBUNT WIE DAS LEBEN ZEIGT SICH DIE JEANS IN NEUEM LOOK. NICHT NUR FÜR KINDER IST DIESER BUNTE TASCHENEINGRIFF EINE SCHÖNE SACHE. DIE BUNTE LEISTE PASST ZU VIELEN FARBIGEN OBERTEILEN. WIE VIEL FARBE GEWOLLT IST, DARF JEDER SELBST ENTSCHEIDEN!

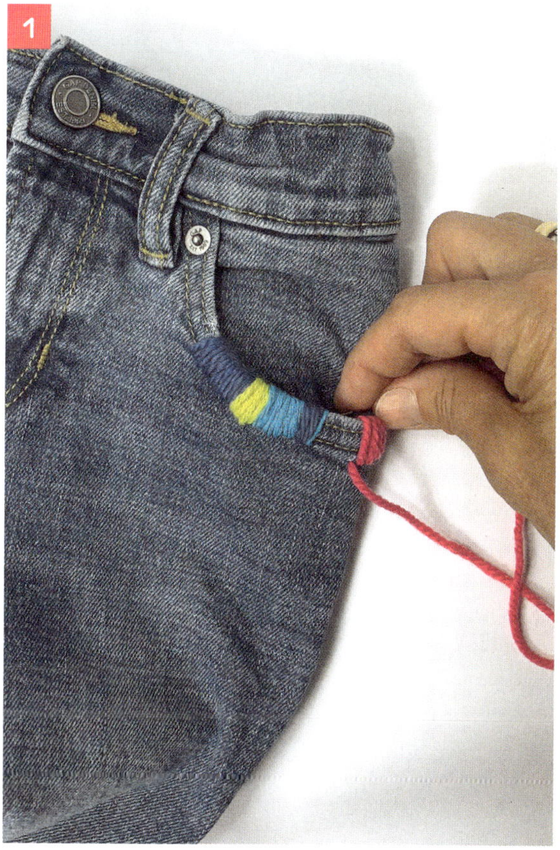

1. Die Hosentaschen werden mit einem einfachen Plattstich besticken.

2. Das Muster besteht aus parallel direkt nebeneinander gesetzten Stichen. Dabei die Farben in verschiedenen Breiten über den Tascheneingriff verteilen.

Zusammenhalt!

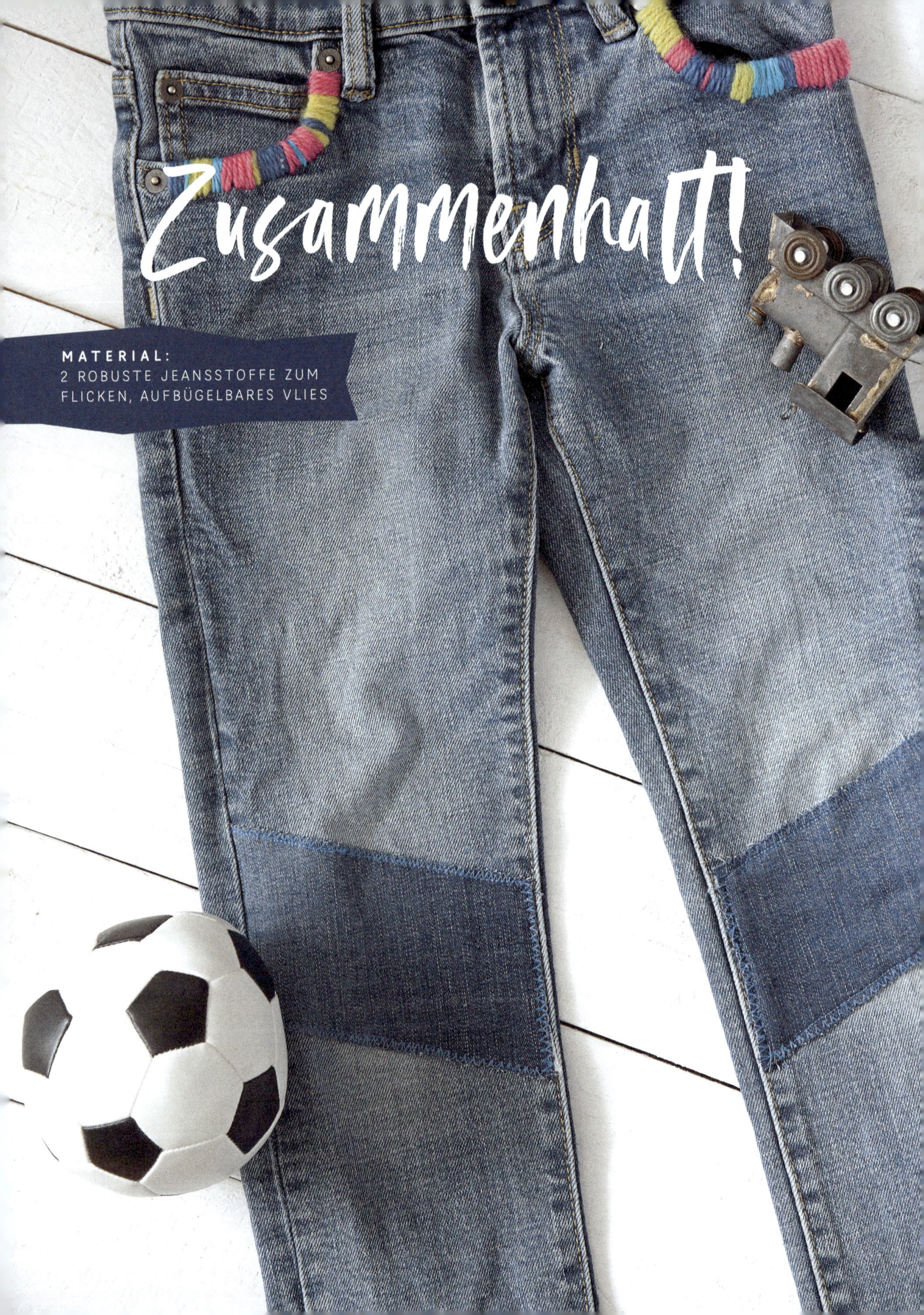

MATERIAL:
2 ROBUSTE JEANSSTOFFE ZUM FLICKEN, AUFBÜGELBARES VLIES

ZU ÄRGERLICH, NUN IST NACH DEM ERSTEN FUSSBALLSPIEL DIE NEUE HOSE HIN. ABER KEINE SORGE, MIT DEN SELBSTGEFLICKTEN KNIEN WIRD DIE JEANS WIEDER SALONFÄHIG! DIE FLICKEN SEHEN BEIM TRAGEN WIE EIN PFEIL AUS: DAS HAT ETWAS HELDENHAFTES!

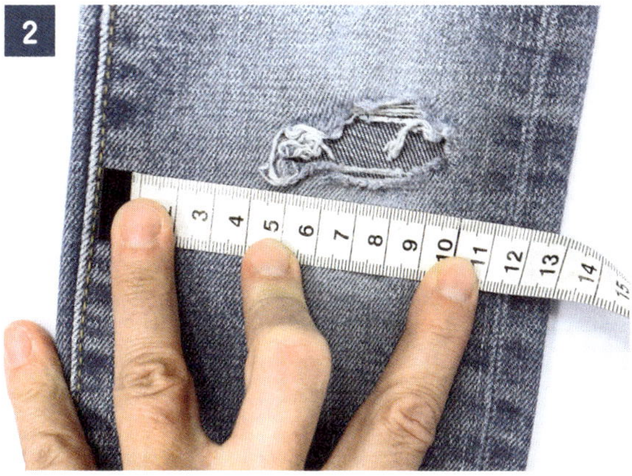

1. In der Regel hat eine Jeans zwei verschiedene Nähte an den Beinen. Innen liegt die robuste Kappnaht. Außen wird meist ein Geradstich verwendet. Für die Jeansflicken an den Knien öffnet man großzügig die Naht mit dem Geradstich.

2. Breite des Knies abmessen. Beim Ausschneiden des Flickenstoffs (Breite und Höhe ist abhängig von der Größe der zu flickenden Fläche) auf den Fadenlauf achten, er sollte gleich der Richtung auf dem Hosenbein sein. Flicken anschrägen. Für das andere Bein spiegelverkehrt arbeiten.

3. Vlies (Größe wie der Jeansflicken) auf Stoffflicken aufbügeln. Flicken mit Nadeln feststecken und mit einem großen Zick-zack-Stich mit geringer Stichlänge aufnähen.

4. Am Ende die seitliche Naht schließen.

Freie Motivwahl!

MATERIAL:
MOTIV-VORLAGE, JEANS AUFBÜGELBARES VLIES, NIETEN, BUNTE NÄHGARNE

SO EINFACH KANN MAN SEINE KLAMOTTEN UND TASCHEN INDIVIDUALISIEREN. LASS DIR WAS EINFALLEN! LASS DER FANTASIE FREIEN LAUF UND ENTWICKLE DEINEN EIGENEN STIL. DIE TOLLEN PATCHES SIND VIELSEITIG EINSETZBAR. SIE VERSTECKEN NICHT NUR UNGEWOLLTE LÖCHER, SONDERN WERTEN AUCH NOCH DAS VERBESSERTE TEIL AUF!

1

2

1. Motiv (ca. 10 cm – 12 cm, siehe nächste Seite) auf Stoff kopieren und ausschneiden. Nieten aufbügeln. Vlies als Verstärkung großzügig auf die Rückseite aufbügeln, ausschneiden.

2. Patches mit Zick-zack-Stich umranden.

Fortsetzung: nächste Seite

10,0 cm

11,0 cm

Impressum

Autorin: Annette Leva-Dehm
Stepfotos und Grafiken: Annette Leva-Dehm
Moodfotos: Elisabeth Berkau
Produktmanagement: Svenja Wiglinghaus
Lektorat: Sigrun Borstelmann
Korrektorat: Anna Maier
Umschlaggestaltung: Regina Degenkolbe
Layout und Satz: Ina Mielkau
Repro: LUDWIG:media
Herstellung: Kathleen Baumann
Printed in Poland by CGS Printing

★★★★★

Sind Sie mit diesem Titel zufrieden? Dann würden wir uns über Ihre Weiterempfehlung freuen. Erzählen Sie es im Freundeskreis, berichten Sie Ihrem Buchhändler oder bewerten Sie beim Onlinekauf. Und wenn Sie Kritik, Korrekturen, Aktualisierungen haben, freuen wir uns über Ihre Nachricht an Christophorus Verlag, Postfach 40 02 09, 80702 München oder per E-Mail an lektorat@verlagshaus.de.

Unser komplettes Programm finden Sie unter

www.christophorus-verlag.de

In diesem Buch wird aus Gründen der besseren Lesbarkeit das generische Maskulinum verwendet. Weibliche und anderweitige Geschlechteridentitäten werden dabei ausdrücklich mitgemeint, soweit es für die Aussage erforderlich ist.

Herstellernachweis: Dieses Buch wurde freundlicherweise unterstützt durch Materialien von:
Rayher Hobby GmbH, www.Rayer.com

Die Deutsche Nationalbibliothek verzeichnet diese Publikation in der Deutschen Nationalbibliografie; detaillierte bibliografische Daten sind im Internet über http://dnb.de abrufbar.

2. Auflage 2025

ISBN 978-3-8388-3800-7

Kreativ-Service

Sie haben Fragen zu unseren Büchern und Materialien? Wir beraten Sie gern rund um alle Kreativthemen. Rufen Sie uns einfach an. Wir interessieren uns auch für Ihre eigenen Ideen und Anregungen. Sie erreichen uns per E-Mail: **kreativ-service@c-verlag.de** oder Telefonnummer: **0049-89-1306 99 577**.

Besuchen Sie uns im Internet: www.christophorus-verlag.de & www.selbstgemacht.de